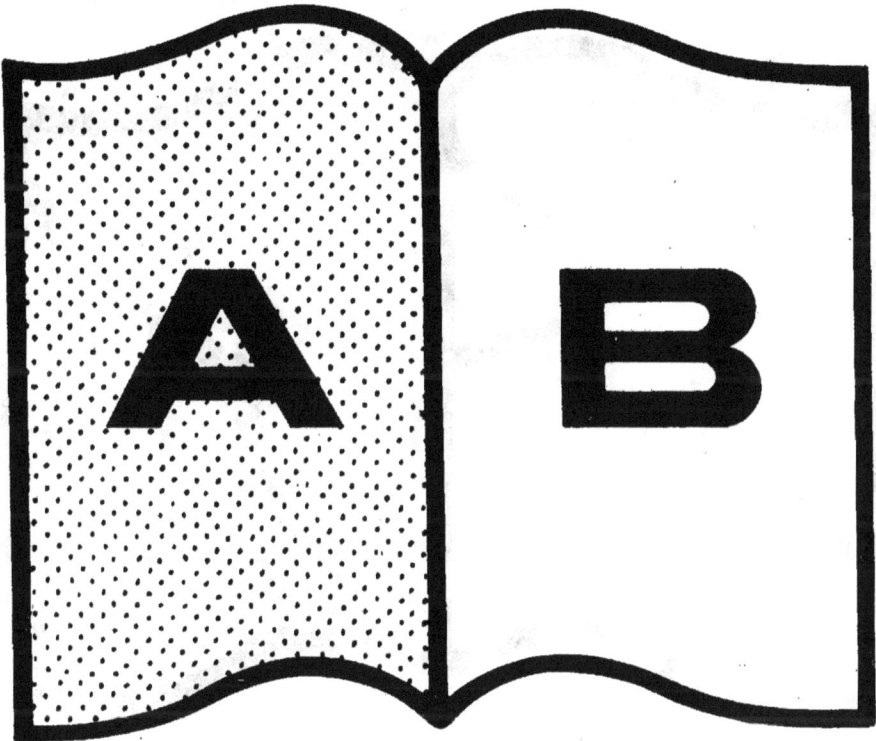

Contraste insuffisant

**NF Z 43**-120-14

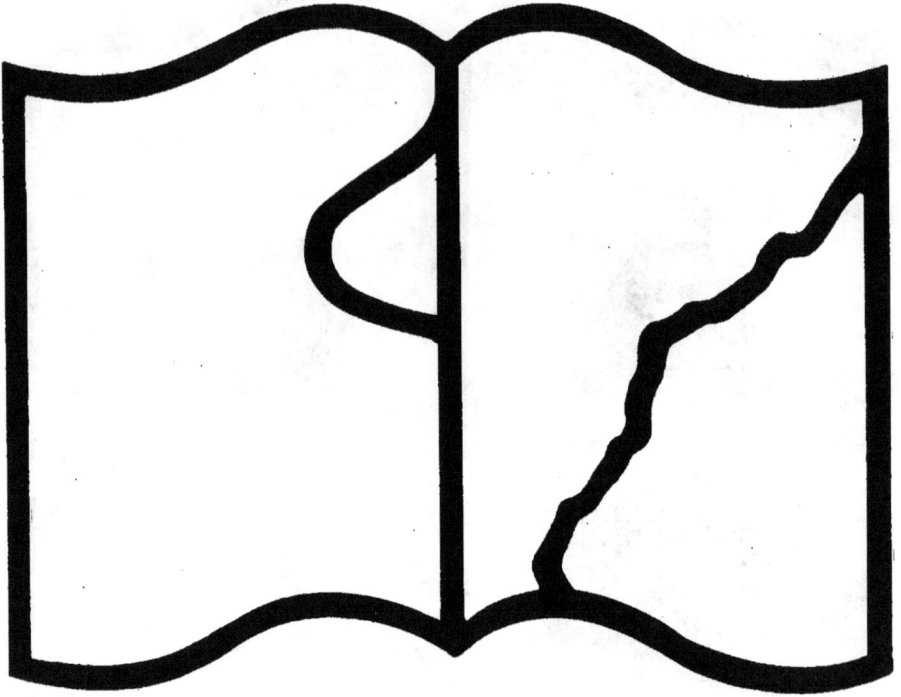

Texte détérioré — reliure défectueuse

**NF Z 43**-120-11

# Contes Japonais

par

Gaston **CERFBERR.**

Dessins de Félix Duparc

## PARIS

## JOUVET & Cᵉ, ÉDITEURS

5, RUE PALATINE, 5

# CONTES JAPONAIS

par

Gaston **CERFBERR.**

Dessins de Felix Oudart

## PARIS

### JOUVET & Cⁱᵉ, ÉDITEURS

5, RUE PALATINE, 5

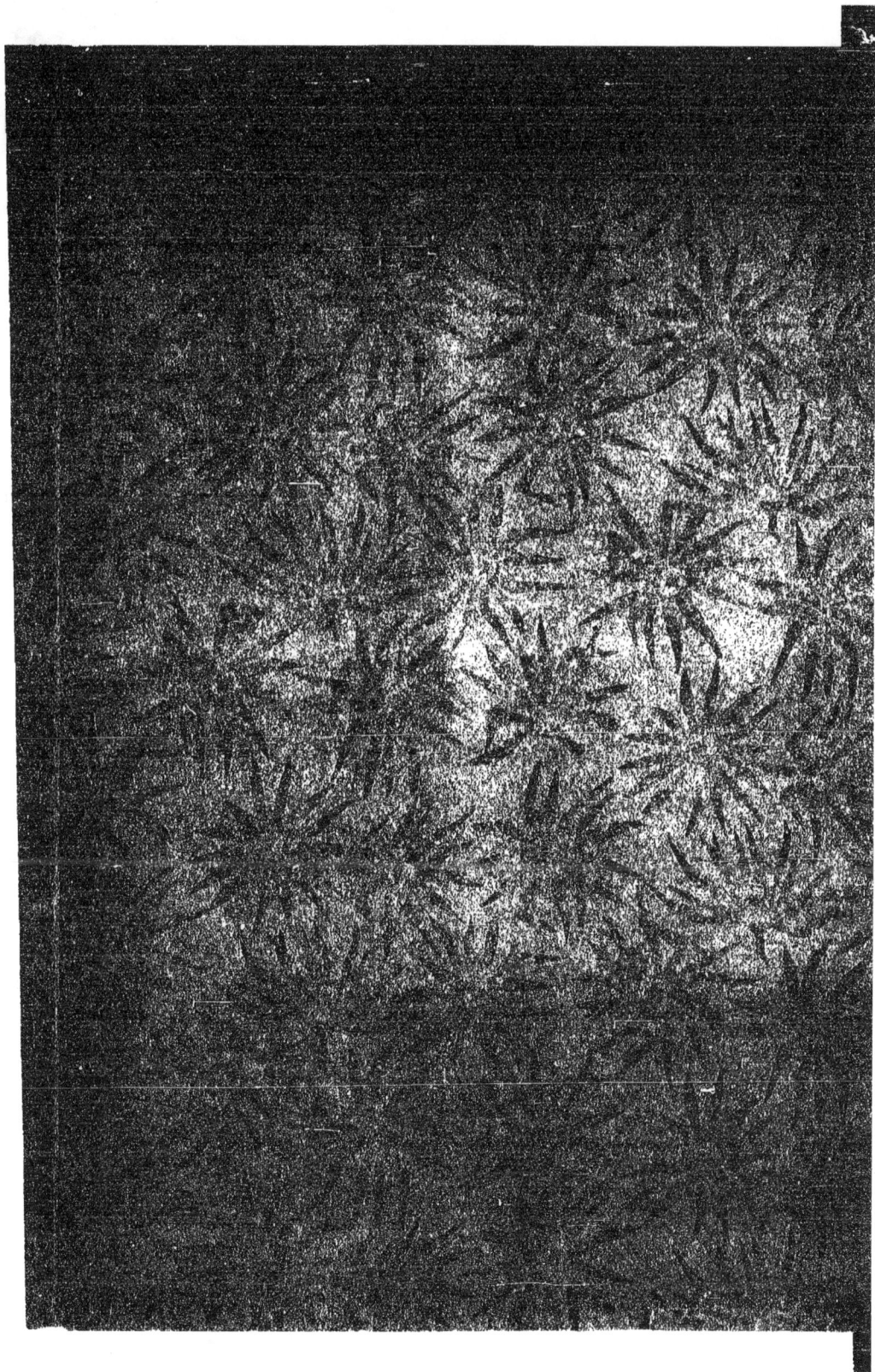

# CONTES JAPONAIS

# CONTES JAPONAIS

par

Gaston CERFBERR.

Dessins de Félix Oudart.

GASTON CERFBERR

# CONTES JAPONAIS

OUVRAGE ILLUSTRÉ DE TRENTE-SIX GRAVURES

D'après les dessins de Félix OUDART

## PARIS

LIBRAIRIE FURNE

JOUVET & Cᴵᴱ, ÉDITEURS

5, RUE PALATINE, 5

M DCCC XCIII

# Le Chercheur de TRÉSORS

**1**

Okamé, la déesse gaie du bonheur, n'avait pas souri au brun fils d'Irakkô, et, pour comble d'ennui, lorsque Yori sortit, le soir venu, après avoir bu de nombreuses tasses de saki, et vidé ses poches dans celles de ses amis, il pleuvait à torrent. La chaude journée s'était terminée par un orage épouvantable.

Revêtant son manteau et s'abritant avec son parasol, le jeune daïmio rejoignit la plage de Hiogo-Kobé, pour trouver sous son toit un abri, et une natte où il pourrait sans doute oublier sa déveine dans un sommeil hanté de rêves plus roses que la vie réelle.

Mais à sa porte, un petit pêcheur, qui faisait habituellement l'office de commissionnaire, l'arrêta par un rouleau de papier tendu sous l'averse.

— Un courrier venu pendant ton absence, Yori, m'a donné ceci pour toi.

Le jeune daïmio fronça le sourcil.

La missive était de son intendant, homme grave, réfrigérant par métier autant que par goût; elle devait contenir, comme toujours, une semonce et de désagréables réflexions, en réponse à un pressant appel de fonds.

— Ouvrons, se dit Yori; puisque je suis dans un mauvais jour, il faut épuiser la coupe de fiel aujourd'hui.

« Yori, fils d'Irakkô, disait le digne intendant, tu as voulu jouir trop grandement de la fortune paternelle; l'or est fait pour fructifier dans des mains prévoyantes, et non pour rouler sur la pente des chemins; qui sème le sel ne récolte pas le riz...

— C'est bon, c'est bon, vieux fou! murmura Yori avec impatience, nous connaissons cela. Que me veut-il?

Et, passant aussitôt à la fin, il lut avec stupéfaction.

« C'est pourquoi, ayant vendu, suivant tes ordres, ta propriété d'Osaka, ta dernière, Yori, et t'en ayant envoyé l'argent, nous sommes arrivés au bout; tu es dans la misère, et moi, ton intendant, sur la paille ».

Yori eut un éblouissement: il relut à plusieurs reprises ce paragraphe final; comment? le dernier de plus de trente domaines légués par son père?

C'était impossible!

Le jeune homme cherchait, dans sa tête fatiguée, à rassembler ses souvenirs, à établir rapidement un compte sommaire de tout ce qu'il avait vendu depuis si peu de temps.

Oui, ce devait être vrai. Cette terre-ci, et encore celle-là et Osaka, la plus belle de toutes; puis, quand il eut bien compris qu'il était ruiné, il se sentit tout à fait dégrisé. Ses tempes battirent avec force, et la sueur perla sur son front; les fortes émotions se traduisent différemment suivant les tempéraments; les uns ont chaud, les autres ont froid.

Donc Yori avait très chaud. La nuit, d'ailleurs, était redevenue

sereine et la lune, à travers les branches, semblait rire de la décon-
venue du jeune homme.

Assis sur la plage, devant la mer immense dont les vagues défer-
laient à ses pieds avec le bruit monotone et triste, il cherchait à
dompter la fièvre et à reprendre ses esprits. Le coup était rude autant
qu'inattendu ; comment le parer ?

Tout à coup le jeune daïmio eut un sourire.

— Bah ! dit-il, je suis ruiné, mais la belle Nikkô-Souma, la jolie
veuve ma voisine, ne doit-elle pas m'épouser ? Elle est riche et elle
m'aime ; qu'importe pour elle quelques milliers de yens d'or !

Se faisant apporter son nécessaire à écrire, il traça avec assurance
les lignes suivantes :

« O Nikkô, beauté plus brillante que l'éclat du soleil dont
tu portes le nom, Yori, ton bien aimé, est triste. Il est devenu
plus pauvre que les hinins qui mendient sur la route. Mais dans ce
malheur il n'a songé qu'à toi ; pour lui l'argent n'est rien, car il a
ton amour ».

Satisfait de la tournure galante de son billet, il ordonna de le
porter dès le lever du soleil, et, s'étendant sur sa natte, il dormit
bien.

## II

Nikkô traçait ses sourcils devant le miroir que lui tendait une
suivante, lorsque la lettre lui parvint. Elle lut, pendant qu'un pli
s'accusait au coin de sa bouche dédaigneuse ; elle resta un moment
pensive, puis, d'un bras nonchalant approchant une petite table, elle
trempa son pinceau dans le frais vermillon, et écrivit sur le papier
de riz parfumé.

« La vie commune est douce à deux, mais quand elle est entourée
d'or et de soie. Pauvre, je ne t'aimerais plus, il vaut donc mieux que
tu souffres seul. Adieu Yori ».

Puis, en post-scriptum (oh! les post-scriptum!)

« Va me chercher les trésors d'Asama, je crois que je t'aimerai si tu me les rapportes ».

*Chercher les trésors d'Asama*, c'est-à-dire dans le langage des barbares de l'ouest, des Français, par exemple, *prendre la lune avec ses dents.*

La jolie veuve ajoutait l'ironie à une indifférence bien cruelle!

Elle trempa son pinceau dans le frais vermillon.

Elle signa de son élégant monogramme, puis, reprenant son miroir, elle étendit sur ses lèvres leur teinture d'ambre doré.

Quand Yori eut la réponse de Nikkô-Souma, il voulut se tuer. Mais songeant qu'un acte aussi irréparable ne doit pas se faire sans réflexion, il remit la chose au lendemain.


III


Le lendemain, à son réveil, sa première pensée ne fut pas pour le suicide, mais pour le post-scriptum ironique de la jolie veuve. Reviens avec les trésors d'Asama, avait dit Nikkô. Le jeune homme

Assis sur la plage il cherchait à reprendre ses esprits.

avait bien souvent, lui aussi, répété cette phrase, mais sans réfléchir à sa valeur réelle et à l'origine du proverbe.

L'Asama-Yama est un des volcans les plus connus de l'île Hondo. C'est même un lieu de pèlerinage très fréquenté et plusieurs temples ont été édifiés au pied de la montagne. Quant à son sommet, il est inconnu, car un effroi religieux en éloigne ceux que la curiosité aurait pu pousser à gravir ses pentes. D'ailleurs, nul chemin tracé entre les rocs, nul point de repère, mais çà et là des précipices au fond bleuâtre, des crevasses fumantes parfois cachées par des cendres, et plus haut le cratère béant, toujours couvert de nuages. Lieu propice, en vérité, pour cacher des trésors à la vue des profanes !

Mais pourquoi ce dicton ? Cette croyance à des richesses invisibles reposait-elle sur un fait ?

Yori avait bien entendu, par hasard, une légende chantée par des musiciens ambulants, et où il était question de ces trésors, mais il ne lui en restait pas un seul vers dans la mémoire ; autant qu'il pouvait s'en souvenir, il y avait là des détails curieux, des renseignements précis, peut-être. N'a-t-on pas vu déjà des traditions se perpétuer ainsi d'âge en âge, auxquelles personne ne fait attention, et qui pourtant reposent sur une donnée première véritable ? Pourquoi n'en serait-il pas de même pour ces fameux trésors de l'Asama dont tout le monde parlait sans y ajouter foi ?

C'était cette légende qu'il fallait retrouver d'abord.

Le jeune daïmio eut vite fait un petit paquet de ce qu'il ne voulait pas laisser à ses créanciers, et il sortit de cette maison, qui avait été la sienne, le cœur léger, plein d'amour et d'espérance. Car il aimait toujours cette cruelle Nikko qui venait de montrer si peu de cœur.

— Elle a raison, se disait-il, je ne me mettrai en ménage qu'avec les trésors d'Asama.

Il semblait vraiment qu'il fût près de les avoir, et il n'était même pas certain qu'ils existassent !

## IV

Le hasard, qui sert les amoureux, fit bien les choses pour Yori, car avant que la journée fût terminée, il avait rencontré ces musiciens qu'il souhaitait si fort d'entendre, et, pour une sapèque, il eut la légende.

C'était une mélopée interminable, où étaient narrées, par le menu, les aventures d'un honnête garçon qui, grâce à un talisman que lui donne un sorcier, parvient au sommet de l'Asama. Les flancs du volcan s'ouvrent devant lui, et il rapporte des trésors inestimables.

Un vieillard avare, cupide et méchant, ayant appris son succès, use de violence pour obtenir du magicien son talisman, mais il trouve le cratère nu et abrupt; il tombe dans un précipice et revient disloqué et perclus. Chaque strophe se terminait par ce refrain énigmatique :

« Il y a bien des trésors dans l'Asama, et ce qui est bon à l'un est nuisible à l'autre. Voyageur téméraire, prends garde à ton choix ! »

La chanson valait bien une sapèque, mais pour Yori les renseignements étaient vagues ; on n'affirmait rien au sujet des trésors, et on ne disait pas quel était ce talisman nécessaire pour s'ouvrir un chemin. Comment se le procurer? Où trouver le magicien dépositaire de ce précieux *sésame?*

Les sorciers ne manquent pas au Japon ; on va les trouver comme le notaire ou le médecin.

Il en coûta encore au jeune homme une petite pièce de monnaie pour avoir l'adresse du plus célèbre dans la région; le rapprochement que ne manquèrent pas de faire, entre ses questions et la chanson, ceux qui venaient de l'entendre, attira sur leurs lèvres un sourire de commisération.

La chanson valait bien une sapèque.

Ils se dirent : « Encore un fou, qui fait des rêves dorés sur la foi d'une légende ! »

## V

Le sorcier, homme laid et sentencieux, assis sur son cerf symbo-

Le sorcier réfléchit longuement.....

lique, réfléchit longuement, les yeux perdus dans le ciel, plongé dans la contemplation de la divinité à laquelle il demandait conseil.

— Enfant, dit-il enfin, plusieurs fois déjà des hommes m'ont demandé le chemin de l'Asama; les uns ne sont pas revenus; ce sont sans doute les plus heureux; les autres, je les ai vus passer entre des gardes; ils avaient volé et tué, ou ils avaient causé du scandale, ou leur esprit avait quitté l'enveloppe mortelle pour rester au sommet du volcan. Ceux qui en sont réduits à courir ainsi après des trésors sont des fous ou des malhonnêtes gens.

— Je ne suis ni fou, ni malhonnête, dit Yori, je suis malheureux.

Et il conta son histoire.

— Tu aimes donc bien cette femme? dit le sorcier.

— Autant qu'on peut aimer.

— Eh bien, quoique tu aies tort, sans doute, je veux t'être utile. Le talisman qui peut seul te faire réussir dans ton entreprise est la branche de glycine double. Or, la glycine double est un phénomène presque introuvable, que tu pourrais chercher peut-être en vain pendant des années, avec tes faibles yeux de mortel. Mais dans les marais sacrés de Tomyoka tu trouveras l'alouette grise qui recherche uniquement ces plantes pour en faire son nid. Prends lui une branche au moment même où elle l'apporte, et garde-toi surtout de tuer l'oiseau ou de le blesser en aucune façon; il ne faut pas prendre la vie de l'animal qui t'est utile.

Et comme le jeune homme le remerciait.

— Un mot encore; il est d'un sage, et non plus d'un sorcier. Tu vas bien loin pour chercher des trésors, quand le bonheur est sans doute près de toi. Regarde à tes pieds plutôt que de fixer tes yeux sur les cîmes de l'Asama, car tu passes peut-être auprès d'un trésor, et dans la vie on ne revient pas en arrière.


## VI


Depuis trois jours, Yori, les pieds dans l'eau, attendait le passage de l'alouette grise allant tisser son nid, et il n'avait encore trouvé qu'un torticolis et un rhume de cerveau.

Dans les marais de Tomyoka, les rares passants étaient intrigués par les allures mystérieuses de cet homme à l'affût, l'œil anxieux fixé sur l'horizon, le corps penché en avant, le doigt sur la détente... de son parasol.

Oui, vous avez bien lu : de son parasol.

Ah! c'était tout un roman, le résultat de mûres réflexions et de patientes recherches... qui d'ailleurs n'avait pas abouti.

La clef de ce mystère? La voilà.

Logé en vue du volcan, à l'auberge des *Roseaux en fleurs*, Yori, sur le point de toucher au but, s'était trouvé embarrassé. Comment prendre à un oiseau dans l'air, une branche de glycine qu'il porte au bec, cela sans le toucher et sans que la branche ait été salie par le contact du nid?

Problème difficile! si difficile même, que le daïmio, tout chagrin, se donnait à tous les diables de l'enfer japonais.

Aussi, n'accordait-il aucune attention au petit manège de la toute charmante Nareya, la fille de l'aubergiste; et pourtant celle-ci, dans l'insouciante gaîté de ses quinze ans, tournait autour de lui avec la mobilité du papillon de papier devant l'éventail du bateleur. Évidemment Yori l'intéressait plus que peut-être elle ne se l'eût avoué à elle-même.

Le voyant ainsi triste et préoccupé, elle lui avait demandé le motif de son ennui.

— J'aime Nikkô, ma jolie voisine, répondit-il sans s'expliquer davantage, et il me faut, pour lui plaire, posséder une branche de glycine double que porte l'alouette des marais.

— Nikkô est sans doute bien belle pour être aimée de toi, dit la jeune fille avec un gros soupir.

— Or, reprit Yori, je ne sais comment avoir cette glycine sans tuer l'oiseau, que je voudrais épargner. Voilà pourquoi je suis triste.

— Tu tiens donc beaucoup à cette branche de glycine?

— Ah! plus qu'à ma vie!

— Je te comprends, dit Nareya. Quand on aime!

Et un voile s'étendit sur ses beaux yeux; on eut dit même qu'une larme roulait sous sa paupière aux longs cils noirs, comme une goutte de rosée le matin sur la feuille de chrysanthème. Brusquement elle partit.

Le lendemain dès l'aube, elle réveillait son hôte en frappant dans ses mains, toute joyeuse.

— Il m'est revenu à l'esprit, dit-elle, un souvenir d'enfance. On m'avait donné un grand parasol rouge et je le promenais fièrement au soleil, tenant à la main une tartine de miel, lorsqu'un chien se jeta sur mon gâteau et me l'enleva ; mais il ne put s'éloigner, étant acculé au coin d'une maison. Moi, j'étais restée devant lui et je ne savais plus comment lui arracher ma tartine sans me faire mordre, quand j'eus l'idée de lui mettre devant les yeux mon parasol rouge. Effrayé, il lâcha sa proie et s'enfuit. Pourquoi n'essaierais-tu pas de ce moyen ?

— Mais l'oiseau me verra de loin avec mon parasol et prendra peur.

— Tiens-le fermé et ouvre-le brusquement, lorsque l'alouette passera ; je suis certaine que tu réussiras.

Donc le jeune homme avait suivi ce conseil, au grand étonnement de ceux qui n'étaient pas dans le secret de ses intentions ; mais jusqu'ici il lui manquait l'oiseau, ou, s'il voyait des alouettes, elles s'amusaient à butiner ou à picorer sans s'occuper de leur nid.

Était-ce pour cette raison seulement ? Ses trésors lui semblaient bien plus éloignés, et plus effacée aussi la beauté de Nikkô aux cils bordés de noir. A quoi tient l'amour, pourtant ? A une courbature !

Enfin, le quatrième jour, à l'aube, heure propice aux préoccupations de nichée, une alouette s'avança à tire d'ailes, portant au travers du bec une branche dont les feuilles vert clair brillaient au soleil. Yori ouvrit son parasol avec fracas ; la branche tomba : il tenait le talisman.

## VII

Qu'en faire maintenant ? La première joie passée, il réfléchit qu'il n'était guère plus avancé ; il ne savait pas davantage où était le trésor, s'il existait même, ni comment s'en rendre maître, ni le chemin qui menait à la cachette mystérieuse. Il fallait d'abord monter au cratère. Or, les flancs de la montagne étaient abrupts et comme le mystère qui en enveloppait le faîte en avait toujours éloigné les visiteurs, aucune route n'était tracée. Pourtant, quelques paysans, lui dit-on, s'y hasardaient parfois pour y cueillir des herbes, mais ils se cachaient et ne l'avouaient pas volontiers, ne voulant pas paraître braver les divinités ou les mauvais génies.

Si Yori désirait avoir des renseignements utiles, peut-être pourrait-il se les procurer auprès de ces rares initiés.

Pendant plusieurs jours donc, discrètement il chercha un guide; tous refusèrent avec une sainte frayeur; un matin, il s'engagea seul dans la montagne, mais se perdit et ne rentra que le soir à l'auberge des *Roseaux en fleurs*, exténué et découragé. Nareya vint encore à son aide.

Une alouette s'avança à tire d'ailes.

— Pourquoi es-tu triste, Yori, maintenant que tu as ce que tu désirais, et pourquoi ne pars-tu pas?

Le jeune homme se décida à tout lui dire, ses malheurs financiers et amoureux, ses espérances, ses déceptions.

— Écoute, dit Nareya d'une voix grave, quand j'étais toute petite, je courais avec insouciance tous les coins retirés de la montagne ; personne ne la connaît mieux que moi ; je n'ai jamais rien rencontré ou vu qui puisse m'inquiéter. Mais quand, devenue grande, j'ai pu entendre toutes les légendes fantastiques où les génies du volcan jouent un rôle effrayant, j'ai éprouvé, comme tous ceux qui m'entourent, une crainte superstitieuse. Pourtant, et bien que je croie que ton projet est une folie, je te guiderai jusqu'au sommet, parce que tu es malheureux et parce que je voudrais voir le bonheur luire dans tes yeux, comme le jour où tu as rapporté ici ton talisman.

## VIII

Le lendemain, ils partirent. Yori avait abandonné ses sandales en bois de kiri pour des chaussures plus appropriées à une course dans les rochers, et Nareya avait jeté une étoffe sombre sur sa belle robe bleue brochée de dragons de soie jaune, afin de moins attirer l'attention des passants.

Ce fut une longue et rude ascension. Le volcan, dans ses périodes déjà anciennes d'activité, avait lancé d'énormes blocs de pierre qui s'étaient amoncelés sur ces pentes, et il fallait sans cesse les escalader ou contourner. Plus d'une fois, les deux voyageurs durent redescendre et refaire en partie le chemin parcouru, parce qu'une barrière infranchissable s'était élevée devant eux ; la terre, d'une couleur uniforme de cendres, fatiguait les yeux ; la chaleur était lourde, et souvent le vertige les prenait. Mais aucune difficulté ne les rebutait. Nareya surtout, la plus faible, était infatigable. C'est elle qui, aux passages périlleux, soutenait son compagnon, l'encourageait par sa confiance et sa gaîté.

Enfin, ils atteignirent le cratère. Un pressentiment, d'accord

Ce fut une longue et rude ascension.

d'ailleurs avec la légende, disait à Yori que là il trouverait la clé du mystère; mais aucun indice : un grand trou, aux bords rougeâtres, au fond estompé de bleu sombre, d'où une légère vapeur s'élevait par saccades, comme chassée des profondeurs par l'effort d'un piston gigantesque.

Descendre dans ce gouffre, il n'y fallait pas songer. Les parois étaient à pic, et même avec une corde, on ne pouvait aller loin sans être asphyxié par la fumée, quelque faible qu'elle parût.

Assis au bord du cratère, Yori se désolait; Nareya, elle, cherchait aux alentours, prise d'une confiance obstinée, et se refusant à croire que de si pénibles recherches pussent rester sans résultat.

Tout à coup, elle appela son compagnon et lui dit de regarder attentivement une large crevasse qui zébrait le sommet de la montagne.

— Vois donc, ne dirait-on pas qu'on a taillé dans le roc des marches grossières?

— Le crois-tu?

— Nous allons voir; je vais descendre, tu me suivras.

En effet, après avoir dépassé l'entrée très étroite, ils se trouvèrent dans une sorte d'entonnoir, où la descente était facilitée par des degrés habilement ménagés.

Au bas de ce puits, un large couloir, éclairé çà et là par des fissures communiquant avec le dehors, se présenta devant eux. Ils le suivirent, et, après quelques minutes de marche, leur chemin fut barré par un profond précipice, au-dessus duquel passait un pont léger; à l'extrémité, une porte monumentale, plus merveilleuse encore que celle du *Shiro* des Shôgouns à Yeddo, donnait accès au palais des génies de la montagne et sans doute aux trésors de l'Asama. La légende avait dit vrai.

Au milieu du pont, veillait une sentinelle, avec ses sabres et sa grande pique, de l'air négligé du gardien qui ne voit pas souvent venir des visiteurs.

— Que voulez-vous? dit-il avec rudesse.

— Nous voulons voir le roi de l'Asama, répondit Yori, en montrant son talisman.

Le garde siffla; aussitôt un affreux petit nain parut, et, mis au courant du désir des nouveaux venus, il les conduisit silencieusement, en les faisant passer par des appartements richement décorés, dans la salle du trône, où les perles et les diamants étaient enchâssés, sur les murs, dans les métaux les plus précieux. Rien ne peut donner une idée de l'extraordinaire richesse de ce palais, tout étincelant et éblouissant de feux. Nareya, en vraie femme qu'elle était, ne se lassait pas d'admirer.

Une sentinelle veillait.

Un disgracieux personnage, énorme et ventru, aux yeux en boules de loto, aux jambes en manches de vestes, à la barbe hérissée, aux lèvres pendantes, était accroupi, entre un bol de riz et une tasse de saki, sur une estrade de laque incrustée, qui surpassait en magnificence tout ce qu'ils avaient vu jusque-là.

C'était le seigneur du lieu.

— Tu as demandé à me voir, dit-il à Yori. Que me veux-tu?

Le jeune homme fut un peu déconcerté par cette question si

ne!te. Encore un détail auquel il n'avait pas songé, l'imprudent ! On ne vient pas chez un puissant génie demander ses trésors sans autres raisons. Tout d'abord, il n'avait pensé qu'à posséder le talisman, puis à parvenir au cratère ; ensuite, les dangers, les fatigues avaient absorbé les forces vives de son esprit. Mais quant à ce qu'il dirait lorsqu'il se trouverait en présence du génie, il ne s'en était jamais occupé.

Et voilà que, sans transition, on lui demandait pourquoi il était venu...

— Que me veux-tu, enfin ? répéta le génie avec impatience.

— J'aime une jeune fille, répondit Yori, mais je suis devenu trop pauvre pour l'épouser. J'ai espéré, ô roi, que tu aurais pitié de ma détresse, et que tu me laisserais puiser dans ces trésors de l'Asama dont on parle tant dans mon pays ; une parcelle pourrait faire le bonheur de deux êtres sur la terre et ne t'appauvrirait pas.

Le génie ne douta pas un instant que Nareya fût l'heureuse mortelle digne de l'amour de Yori. Il la regarda longuement, parut prendre plaisir à considérer son épaisse chevelure, ses longs yeux noirs, son teint blanc comme en avril la fleur de cerisier, puis, avec un mauvais sourire :

— Pour venir ainsi demander des trésors aux dieux, dit-il, tu as sans doute à te plaindre des hommes, qui ont laissé sans récompense ton travail utile, tes talents. Quel est ton métier ?

— Je ne fais rien, répondit Yori avec confusion.

— Ah !... Alors tu as fait un noble usage de ta fortune ; tu as secouru les pauvres, fondé des hôpitaux, prêté de fortes sommes à ton prince pour faire la guerre ; tu as peut-être équipé des flottes ou construit des arsenaux ? Est-ce à de semblables sacrifices que tu as perdu ton argent ?

— Je l'ai perdu au jeu, répondit Yori d'un ton si humble qu'on l'entendit à peine.

— Alors si tu n'as rien demandé aux hommes, que m'apportes-

tu, à moi, pour prétendre à la fortune? Ton père t'avait légué de
l'argent, tu l'as dissipé et tu préfères courir les aventures, au lieu de
chercher à regagner par le travail ce que tu as perdu par la
débauche. Réponds, c'est là tout ce que tu m'offres en échange d'un
trésor?

Yori n'avait rien à répondre, il resta muet.

— J'en ai vu d'autres avant toi, reprit le génie, lesquels étaient
aussi pauvres de bonnes actions et aussi riches d'ambition. Mais toi
tu possèdes un trésor qui vaut à mes yeux ceux que je puis te
donner. Voici donc ce que je te propose : **tu puiseras à pleines
mains dans mes coffres et tout ce que tu pourras emporter sera à
toi. Mais tu laisseras ici cette jeune fille.**

Yori fit un soubresaut; mais au moment de crier : « Non! » il
eut une hésitation.

Qu'on lui pardonne! Il venait de voir partir une à une toutes
ses espérances, et voilà qu'on lui offrait tout ce qu'il avait rêvé, en
échange d'une jeune fille qu'il connaissait à peine, à laquelle il
n'avait pas eu le temps de s'attacher beaucoup, semblait-il, malgré
ce qu'elle avait fait pour lui.

Et cependant il allait parler, lorsque Nareya, l'interrompant :

— J'accepte, dit-elle, et je m'estimerai satisfaite de mon sort.

Yori eut un mouvement de révolte.

— J'accepte, te dis-je, reprit-elle. Retourne vers Nikkô avec ces
richesses tant désirées, et soyez heureux sans moi. Que ferais-je sur
terre, seule, te sachant triste et sans consolation? Qu'importe que
l'un de nous soit privé du bonheur, si les autres peuvent le trouver
dans son sacrifice. Pars donc; moi, je reste.

— Tout ici est à toi, ajouta le roi des génies, fais un choix et
prends ce qui te plaira. Un de mes gardes te guidera ensuite jusqu'aux confins de mes domaines.

Et, saisissant Nareya qui, brisée par l'émotion, s'était évanouie,
il l'entraîna au dehors.

Arrêtez, arrêtez, cria Yori en courant.

## IX

Partagé entre la joie et la tristesse, Yori suivit, la tête basse, un officier tout chamarré d'or qui devait lui montrer les coffres remplis de diamants, de rubis, d'émeraudes, de pierres fines, où le jeune aventurier pourrait puiser à pleines mains.

Il se trouva aussitôt sur les flancs de la montagne, dans un jardin luxuriant, où des ombrages touffus abritaient les allées contre les ardeurs du soleil déjà descendu vers l'horizon. Ce jardin désert semblait triste et sombre; Yori se sentait le cœur serré, à la pensée de Nareya, et le mutisme de son compagnon le laissait tout entier à ses réflexions.

Le soir venait; une demi-teinte affaiblissait les objets; tout à coup, au détour d'une allée, une ombre blanche passa rapidement, escortée d'une autre ombre noire. Un cri parvint aux oreilles du daïmio :

— Adieu, Yori! je t'aimais et je meurs pour toi!

Je t'aimais!... Ce mot magique ouvrit comme un voile devant les yeux de Yori. Il revit en une seconde sa vie passée, si agitée, si inutile, l'amour inconstant de Nikkô, la futilité de la jeune veuve, sa beauté apprêtée et déjà sur le retour; il songea encore à l'ingratitude de ses amis et à l'incertitude d'un bonheur qui ne repose que sur des biens matériels.

Et, à côté de tout cela, la douce figure de Nareya évoquée pour la dernière fois, son affection si vraie, son dévouement payé par tant d'ingratitude...

— Arrêtez! arrêtez! cria Yori en courant dans le chemin où la jeune fille et son ravisseur venaient de disparaître.

Et les ayant rejoints :

— Je te laisse tes perles et tes pierres précieuses, dit-il au roi des génies, elles ne valent pas pour moi le cœur de Nareya.

4

Ella lui jeta une pomme d'or.

## X

Yori a réalisé les derniers débris de sa fortune. En vendant quelques objets précieux, devenus inutiles dans sa vie plus simple, en réclamant à ses anciens amis l'argent prêté aux jours heureux, en faisant rendre gorge, pour partie, à son intendant, il a trouvé de quoi utiliser son travail. Dans la coquette habitation où il a installé Nareya, il ne voit plus, comme au temps de sa splendeur, trois cours et trois corps de bâtiments, précédés d'un luxueux portique, encombrés d'une foule de serviteurs et de nombreux samuraïs désireux de saluer le jeune maître à son lever; dans son vestibule, entre les deux grands vases du tokô-noma, au-dessous des caractères sacrés qui appellent le repos sur la maison, on ne trouve plus le chevalet sur lequel le daïmio, en rentrant, suspendait ses sabres, alors son honneur et son orgueil, car il a renoncé à un rang qu'il ne pouvait plus tenir. Mais qu'importe à Yori! Il ne lui faut maintenant, pour être heureux, qu'un sourire de sa femme au milieu des fleurs de son jardin.

L'ingrate Nikkô n'est pas à plaindre ; elle a trouvé d'autres soupirants, et on la surprendrait bien, sans doute, si on lui parlait du brillant et riche daïmio, fils d'Irakkô, aujourd'hui oublié.

Parfois pourtant, au milieu de ce bonheur, Yori a eu un soupir de regret pour les trésors de l'Asama, un instant entrevus, et retirés de ses mains, pour ainsi dire.

— Si nous avions pu, sans être séparés, emporter notre charge d'or et de pierreries !...

— En serions-nous plus heureux ? répond Nareya avec un baiser.

Malgré tout, Yori avait un regret.

Or, dernièrement, il venait encore d'évoquer son rêve d'autrefois, après avoir éloigné son fils pour ne pas lui faire entendre ces folies. L'enfant jouait sur la terrasse, quand, de l'intérieur d'un grand vase servant de décoration à l'escalier, une voix douce l'appela, et il en sortit une fée toute mignonne, toute rose, qui lui jeta une pomme d'or et disparut. Joyeusement, l'enfant porta à son père le mystérieux cadeau. Celui-ci lut, gravé sur le métal :

« Il y a bien des trésors dans l'Asama. Prends garde à ton choix ! A quoi sert la richesse ? Le plus précieux trésor est une femme aimante et sage ».

Yori reconnut dans l'issue de son aventure l'intervention des dieux, et depuis, il est guéri de ses rêves de fortune.

# Le Joueur de FLUTE

Parmi les divinités secondaires auxquelles le peuple, au Japon, adresse le plus volontiers ses prières, figure au premier rang Yasumasu, le joueur de flûte. Les écrivains et les traditions ne sont pas d'accord sur l'origine de ce culte, ni sur les circonstances qui ont amené l'admission de Yasumasu à un rang aussi élevé. Tous, d'autre part, représentent le joueur de flûte comme un ambulant charmeur, mais néanmoins, bon à éviter, suivant, dans sa course mystérieuse, la lune dont il est amoureux, et réduisant à l'impuissance ses ennemis par l'éclat de son regard et la séduction de sa musique. D'après une légende, Yasumasu aurait été autrefois un prince puissant et il devrait son infortune actuelle à son dévouement pour ses sujets.

Il régnait en paix, depuis dix ans déjà, sur le royaume de Satsuma, le tenant de son père le Shôgoûn Imari, celui-là même qui fut l'adorateur de la poétesse Komati, illustre par ses talents, célèbre par ses malheurs et sa fin cruelle.

Tout le peuple de Satsuma était heureux sous la domination légère et bienveillante de Yasumasu. Les récoltes, toujours abondantes, donnaient la richesse à ce coin de terre béni des dieux ; le riz poussait à souhait dans les vallées humides ; sur les coteaux, le mûrier et le thé ; puis encore, çà et là, le millet, le sarrazin, le maïs qu'on mange en épis bouillis ou grillés, le koniaku qui donne son exquise fécule, la tissa, le junsaï, le nasu (aubergine) d'un si beau noir violet, le kudzu pour la nourriture des bestiaux, et tous les fruits aux doux parfums. D'ailleurs, peu importait au Japonais ces produits si divers ; il demandait seulement le riz qui nourrit et qui fournit le précieux saki, père de l'ivresse et de l'oubli, le thé qu'on boit, et le mûrier, dont le précieux ver permet de se vêtir des plus riches étoffes de soie.

Donc le Satsuma vivait dans l'abondance et la félicité et, dans tout le Nippon, sa capitale, Neshirogawa, était renommée pour ses plaisirs et l'hospitalité qu'elle offrait aux étrangers.

Hélas ! les mauvais jours vinrent pour ce petit peuple ne demandant qu'à vivre sans plus de souci, pour ce prince débonnaire et paternel, qui n'aimait rien tant qu'à montrer son talent sur la flûte et à triompher dans les gais concours de musiciens ; il avait la réputation du plus fameux joueur de flûte des îles japonaises, et il en tirait vanité.

Or donc, pendant des lunes et encore des lunes, la pluie tomba sans interruption, pour ainsi dire, changeant en lac la vallée, ravinant les coteaux, pourrissant les fraîches pousses du thé, donnant une moisissure mortelle aux feuilles de mûrier ; puis, quand enfin les torrents se furent un peu écoulés, montrant dans toute sa désolation cette terre si fertile, maintenant ruinée ; l'hiver était venu, et la gelée détruisit, en une nuit, les quelques vestiges qui avaient résisté jusque là à la terrible influence des éléments déchaînés. Yasumasu, appelé par les cris de détresse de tout son peuple, sortit de son palais et parcourut son petit royaume; partout le plus désolant spectacle s'offrit à ses yeux. Rien n'avait été sauvé de ce qui se mange, de ce qui se boit, de ce qui sert à l'habillement; les bestiaux eux-mêmes, ne trouvant plus à se nourrir, étaient morts sur les collines où on les avait parqués, et de ces corps amoncelés s'élevaient des influences pestilentielles. Yasumasu, du haut d'une éminence, regardait cette mer de boue et de limon fendillé par le froid, étendue maintenant sur ces cultures riantes et pleines de vie qu'il était habitué de voir depuis son enfance; et le bon roi, saisi de pitié, ne put s'empêcher de pleurer.

— Que donner à ce peuple entier pour soulager sa misère? Rien que de la terre, partout, et rien pour semer, rien pour attendre les prochaines récoltes!

Et il ajouta, levant les bras au ciel avec désespoir:

— On ne vit pas de terre!

— Si, puissant seigneur, dit une voix grave auprès de lui, on peut vivre de la terre seule. Je connais des peuples riches, des peuples entiers, comme celui-ci, qui ne font rien autre chose, toute l'année, que travailler la terre sans y rien semer.

Yasumasu regarda le parleur énigmatique. C'était un vieux sorcier érudit, renommé pour sa sagesse et ses connaissances. Le prince s'inclina avec respect devant ce représentant de la science interdite au vulgaire, et lui dit:

— Tu vois, Sennin, le malheur de ce pays; tu entends les clameurs de cette multitude; elle a faim, et je ne puis lui donner une poignée de riz; s'il est en ton pouvoir de soulager tant de maux, parle; je sacrifierais volontiers ma vie pour réparer ce désastre de mon peuple.

— Ce n'est peut-être pas moins que tu risqueras, répliqua le vieillard.

Et, prenant le roi à part, il lui donna la clé de ses paroles.

— Au nord, dans un pays nommé la Corée, vit un peuple gouverné par un puissant génie ; celui-ci, après une expédition victorieuse en Chine, favorisée par ses enchantements magiques, a ramené là des ouvriers potiers possesseurs des secrets qui transforment la terre en faïence aux fines craquelures, à la pâte blanche comme l'ivoire, émaillée de belles couleurs brillantes rehaussées d'or. Des milliers d'hommes pétrissent l'argile, pour la modeler en vases de formes variées, et ils la vendent ainsi au monde entier qu'éclaire le soleil levant. Qu'importe à ceux-là les fruits de la terre, puisque quelques mottes façonnées représentent pour eux des monceaux de riz, des ballots de thé, des vêtements tout tissés et brodés ? Voilà le secret qu'il faut découvrir. Là est le salut de ton peuple.

— Je vais envoyer des ambassadeurs, dit vivement le prince. Ce génie, touché de notre infortune, n'hésitera pas à nous confier...

— Que tu connais peu le cœur des riches ! interrompit le sorcier. Penses-tu que pour des inconnus le possesseur d'un pareil trésor se dépouillera volontairement ? Non, seigneur, cette entreprise est plus difficile et plus dangereuse et, si tu veux réussir, tu devras la tenter toi-même, seul, sans apparat. Alors seulement tu pourras passer inaperçu, voir quelque chose et en profiter ; et encore, pour échapper à la surveillance du génie redoutable, ou à son ressentiment, tu n'auras pas trop de toute ton habileté et de tout ton courage !

Sans hésiter, le prince répondit :

— J'irai jusqu'en Corée. Dès demain je partirai, et je veux réussir ou y perdre la vie.

\* \*

L'entreprise se présentait, dès l'abord, avec des difficultés très grandes, et Yasumasu, le premier enthousiasme passé, n'y songea pas sans embarras.

Le génie était un affreux monstre accroupi sur une sorte de trône.

Comment entrer sans être vu dans ce pays si soigneusement fermé aux étrangers? Comment, étant donné même qu'il y arrivât, comment interroger les ouvriers sans attirer l'attention, ou bien parvenir à voir la fabrication mystérieuse d'assez près et assez longtemps pour en comprendre tous les procédés?

Le prince réfléchit longuement sans trouver une solution pratique. Mais, comme le temps pressait, il s'en remit au hasard et aux Sichi-fuku-djin, les sept dieux du bonheur, seuls capables de lui venir en aide en aussi critiques circonstances. Puis il fit venir son cheval Taïfu, rapide comme l'ouragan dont il a reçu le nom, et secrètement il se dirigea vers le Nord.

Il lui fallut de longs jours de marche et plusieurs traversées périlleuses avant d'atteindre la terre coréenne, montagneuse, froide et triste. Mais dans le petit port où il arriva enfin, en touchant le continent, on embarquait de grands paniers remplis de porcelaines et de faïences aux vives couleurs, et, s'approchant des marchands, il n'eut pas de peine à savoir où se fabriquaient de si belles choses.

Comme il paraissait prendre un très vif intérêt aux renseignements qu'on lui donnait, l'un des marchands lui dit, d'un air soupçonneux :

— N'aurais-tu pas conçu le projet de visiter ce pays, et de surprendre les secrets de ses ouvriers? Si vraiment tu as cette folie, rembarque-toi au plus vite, imprudent, ou sinon tu ne tarderas pas à rejoindre ceux qui t'ont précédé ici, et que la colère du génie gardien de ces trésors n'a pas épargnés !

— Moi ! protesta le prince, en feignant la surprise, je m'occupe bien, en vérité, de cette misérable faïence, et de ceux qui la font ! Je joue de la flûte pour moi-même, pour ceux qui veulent m'écouter si tel est leur plaisir, et pour la lune, quand je n'ai pas d'auditeurs. C'est un art divin, et ceux qui le cultivent n'ont pas de préoccupations matérielles.

Prenant son fidèle instrument de bambou, qui ne l'avait pas

quitté, il en tira rapidement quelques modulations harmonieuses.
Aussitôt il se vit entouré de la foule des marchands, des portefaix,
des bateliers ravis de cette musique incomparable, de ces mélodies
que Yasumasu tenait de ses ancêtres, et qui déjà, dans les temps
anciens, avaient, dit-on, soumis à sa famille les peuples, les guerriers ennemis, et jusqu'aux éléments contraires. Le cercle de Coréens
qui l'entourait grossissait toujours, et toujours Yasumasu jouait de
la flûte, variant ses airs, et tour à tour provoquant la gaîté ou atti-
rant les larmes.

Le lendemain, la renommée du joueur de flûte avait gagné tout
le pays, et ce fut à qui se presserait pour l'entendre dans le petit
port où aussitôt tout travail cessait dès qu'on le voyait paraître.

Mais l'affaire principale qui l'avait attiré là n'avançait guère. Tous
ceux de qui, discrètement, il cherchait à obtenir un renseignement,
avouaient ne rien savoir, ou bien lui demandaient un air de flûte,
attendu, disaient-ils, qu'ils n'étaient pas venus pour parler faïence
et cuisson de la terre ; la plupart, en partant, laissaient au prince
inconnu un riche présent, que celui-ci se trouvait tenu d'accepter,
sous peine d'inspirer des soupçons.

Cependant, tandis qu'il se lamentait de ses recherches vaines,
Okamé, la bonne déesse, lui était favorable. Le génie avait entendu
parler de ce joueur de flûte extraordinaire ; il voulait le voir.

Plein de joie, Yasumasu suivit son guide à travers ce pays réputé
inaccessible où il avait tant souhaité d'entrer, et qu'on lui faisait
parcourir maintenant sans méfiance.

Il voyait d'abord, le long des cours d'eau, pulvériser la terre et
la gâcher dans des mortiers de pierre, puis la tamiser pour enlever
les impuretés, la mouiller et la frapper longtemps avec des maillets,
faire sécher au soleil la pâte, la pétrir et la façonner sur le tour,
l'enduire d'émail ; et enfin, plus loin, dans de vastes fours en brique
et en argile, la faïence cuisait à grand renfort de bois de pin, dont
on apercevait çà et là de hautes piles en réserve.

Le cortège bizarre disparut à l'horizon.

Yasumasu regardait de tous ses yeux, de tout son esprit, regrettant seulement de ne pouvoir s'attarder longtemps à chaque chose, pressé qu'il était par son guide. Quelle habileté, quels soins, quels tours de main difficiles à acquérir il fallait sans doute pour mener à bien tous ces petits chefs-d'œuvre, et combien seraient incomplètes les notions qu'il pourrait rapporter à son peuple pour lui permettre de lutter contre des ouvriers aussi exercés que ceux-ci !

*<br>* *

Lorsqu'enfin le prince se trouva devant le génie, affreux monstre accroupi sur une sorte de trône, au pied duquel sa femme, jeune et jolie, était assise :

— Depuis bien longtemps, dit le génie avec une grimace épouvantable, je n'avais pas vu ici un étranger ; il n'a pas fallu moins que le bruit de ta réputation et le désir exprimé par ma femme, Hitsuji, pour que je te demande d'exercer ton talent devant moi. Joue donc de la flûte, puisque tel est ton métier, tu n'auras pas à te repentir de ma générosité, si ta musique me plait.

Le prince, sans répondre à ce peu aimable discours, commença sur la flûte ses airs les plus séduisants, espérant, par le pouvoir de cette musique à laquelle nul ne résistait, obtenir du génie l'aide qu'il était venu chercher. Mais, tandis que la belle Hitsuji, et tout son entourage, tandis que les officiers et les gardes eux-mêmes semblaient ravis par ces mélodies dont ils n'avaient jusque-là aucune idée, le génie gardait son air ennuyé et maussade. Enfin il fit un geste d'impatience, et dit d'une voix méprisante :

— C'est là cette musique dont on m'avait tant vanté la beauté ? C'est à peine si je l'entends, à tel point elle est molle et efféminée. On voit bien, flûtaillon de malheur, que tu n'as jamais fréquenté que des esclaves et des gens du peuple. Allons, va-t-en avec ton morceau de bois, et que je ne t'aperçoive plus dans les environs de mon domaine, occupé à distraire les ouvriers de leur travail !

Tout attristé du mauvais résultat de cette entrevue, Yasumasu mit sa flûte sous son bras et reprit le chemin du port, accompagné par un garde rébarbatif.

Au moment où celui-ci le quittait, aux portes de la fabrique de faïence, un groupe d'hommes qui guettait son départ se précipita vers le joueur de flûte et le retint, le suppliant de leur faire entendre encore quelques-uns de ces airs qui les avaient tant charmés.

Yasumasu ne se fit pas prier davantage et, devant ces êtres simples paraissant si bien le comprendre, il donna son âme tout entière, passant avec une souplesse admirable des gémissements du désespoir aux cris de la foule, du spectacle paisible des champs et du travail de la récolte à l'ouragan qui dévaste tout, au vent qui siffle dans les arbres, à la crainte du voyageur surpris par la tempête, aux clameurs des bateliers qui viennent de perdre leur voile et qui redoutent le naufrage. Oui, tout cela se sentait, se devinait, se faisait entendre dans les modulations variées de la flûte de Yasumasu, et ses auditeurs, transportés d'admiration, haletants, étaient véritablement, non plus des hommes gardant conscience de leurs actes, mais des choses dont il était maître.

Cette pensée traversa comme l'éclair l'esprit du prince, et aussitôt lui inspira le projet fou de profiter de circonstances aussi favorables. En quelques mots, il dit à ces gens le but de son voyage, il leur dévoile son rang, le désastre de son pays, l'espoir de tout un peuple ; en regard de leur vie misérable et de l'odieuse tyrannie d'un maître difforme et repoussant, il ajoute la promesse de récompenses, la perspective d'entendre encore le joueur de flûte qui venait de leur causer des émotions si vives. Enfin il les entraîne, leur fait traverser vivement le port et les embarque pour porter au peuple de Satsuma les secrets précieux d'où sa prospérité et son existence même dépendaient.

\*<br>\* \*

A ce moment arrivait le génie, prévenu de l'enlèvement de ses ouvriers et de la supercherie du prince de Satsuma. Mais il ne parvint au bord de la mer que pour voir ceux qu'il cherchait loin du bord déjà, et hors de son atteinte, car aucune barque n'était prête à les suivre, et le vent était favorable aux fugitifs. Écumant de rage et d'impuissance, le génie, dont le pouvoir s'arrêtait à ce rivage, ne se considéra cependant pas comme définitivement vaincu.

— Traître! cria-t-il au prince, je ne puis rien maintenant sur ta vie, mais par mes enchantements je saurai bien tirer vengeance de ton infamie. Je t'ai connu joueur de flûte, tu resteras joueur de flûte dans l'éternité; et cette influence de ta musique, à laquelle mes gens n'ont pu résister, deviendra entre tes mains pernicieuse et terrible. Un peuple va te bénir, un peuple te maudira.

Yasumasu ne fit que rire des exagérations de cette colère impuissante.

Mais, lorsqu'après une belle traversée il aborda enfin sur le rivage quitté par lui un mois auparavant; quand, au milieu d'un peuple en liesse à qui il apportait le salut, on lui eut amené son cheval Taïfu, malgré lui, poussé par une force invisible, Yasumasu prit sa flûte, en tira quelques accents. Aussitôt la foule s'écarta, saisie d'une crainte irraisonnée; comme attirés par un pouvoir mystérieux, deux gens du peuple saisirent, l'un la bride de Taïfu, l'autre le sabre qui, porté derrière un personnage, indique la puissance, et ce cortège bizarre disparut à l'horizon, personne n'osant le suivre ou tenter de rompre l'enchantement fatal.

Depuis, Satsuma, parvenu à la plus grande richesse par ses poteries renommées, n'a jamais revu son prince. Mais parfois, dans le Nippon ou ailleurs, on aperçoit le groupe étrange, parcourant les collines, les plaines, les marais, franchissant les rivières, sous le soleil ou la pluie, et toujours, infatigable, le regard perdu dans l'espace, Yasumasu joue de la flûte. Si quelque passant surpris s'approche et l'écoute, aussitôt il est saisi dans le cercle de l'en-

chantement ; il prend inconsciemment pour ainsi dire, soit la bride
de Taïfu, soit le sabre du prince, et, remplaçant le premier venu
parmi les compagnons forcés du malheureux, il suit cette course
désordonnée et fatigante, jusqu'à ce qu'un autre imprudent vienne
le délivrer son tour.

Telle est la vengeance terrible du génie, et le prix accordé par
les dieux pour cette délivrance de tout un peuple.

Yatsushiro, la belle fille du Hizen, est triste et songeuse. Son œil noir, perdu dans le ciel, se fixe sur l'au-delà, vers des cimes ou vers des rivages qu'elle ne connaît pas, dont elle n'a nulle idée, la pauvre mousmé! Mais ce qu'elle voit bien, partout et toujours, c'est la chère image de son fiancé, Satzuki, beau comme le soleil de mai, et que la mer, la mer avide, a ravi à son amour, depuis bientôt trois lunes. Pourquoi reste-t-il si longtemps absent, l'intrépide pêcheur? dans quelles contrées barbares l'a entraîné sa recherche favorite du namako ou du tara, chers aux tables délicates?

La rude voix paternelle vient la tirer de sa contemplation.

« Que fais-tu là, indolente? Ne devrais-tu pas être sur le fleuve, occupée à laver le linge et à le faire sécher, avant le repas du soir ».

Hélas ! il faut quitter le doux rêve ! Ne doit-on pas vivre, même lorsque meurent ceux qui vous sont chers ?

Et voilà Yatsushiro sur le fleuve bleu.

Mais sa pensée, de nouveau, s'en est allée ; ses yeux remplis de larmes ne voient pas le travail de ses mains, et ses idées fuient comme cette eau, qui heurte les flancs de son bateau et semble se reculer pour ne jamais revenir.

— « Où est-il, le vaillant Satzuki? Ses bras nerveux, sa large poitrine l'auront tiré de bien des dangers ; de tels hommes ne peuvent mourir obscurément, au hasard d'un coup de vent ou d'un banc de corail que leur proue rencontre. Oh ! non, il reviendra ! »

Voilà qu'à ce moment un poisson gigantesque et d'une espèce inconnue se dresse devant la jeune fille et la regarde avec de grands yeux qui semblent vouloir parler, et ne pouvoir. Ce regard a une expression telle qu'il semble à Yatsushiro que ce poisson, venu de si loin sans doute, lui apporte des nouvelles de celui qu'elle attend.

Le poisson a évolué gracieusement ; puis de nouveau il revient vers la jeune fille et la fixe avec des yeux doux et tristes.

« Oh! dis-moi, poisson, dis-moi, es-tu Satzuki le pêcheur, ou l'as-tu vu aux mers d'où tu viens? Est-il encore sur son bateau chargé de butin, ou bien repose-t-il au fond de l'abîme? Je me désespère et je pleure. Oh ! donne-moi un présage heureux, messager de mon bien-aimé ! »

Malheur ! le poisson a replongé et il a reparu de l'autre côté de la barque, à gauche, pour la regarder encore et s'enfuir. Funeste présage : Satzuki est mort!

Yatsushiro regagne le rivage à la hâte ; elle court en sanglotant, pieds nus, cheveux et vêtements flottants, vers la maison paternelle. Sur son passage, les femmes sortent des yé couverts de paille et la suivent des yeux avec sympathie :

« C'est Yatsushiro, la mousmé aux perles de corail ! Comme elle pleure ! Son fiancé est mort, sans doute ».

Le poisson la regarde avec de grands yeux.

Et la pauvre court toujours, la tête vide, folle, vers sa mère qui seule peut essuyer ses larmes et, désormais, parler avec elle du cher mort.

Mais voilà que devant la porte, sous le prunier en fleurs, se tient son père avec un beau jeune homme.

« C'est toi, Satzuki! s'écrie Yatsushiro en tombant dans ses bras, à demi pâmée, c'est toi! Je te retrouve donc, et le mauvais poisson d'avril, l'uwozuhi, avait menti! O mon bien-aimé! ne me quitte plus. La mer est traîtresse, vois-tu, et ceux qu'elle tient n'ont plus que des pensées jalouses et des paroles trompeuses! »

## I

Le joli palais aux toitures vernissées du daïmio Yotsu occupe, avec ses jardins, le sommet d'un coteau riant; le cratère de Fusi-Yama se dresse à l'horizon; la vue s'étend sur une plaine fertile et bien cultivée; dans les fonds, le riz pousse abondamment, et des groupes d'hommes et de femmes, courbés vers l'eau où ils entrent à mi-jambes, se hâtent déjà pour le repiquage; plus loin, c'est le thé, puis le mûrier au clair feuillage, qui tranche sur une forêt de pins, au dernier plan. Vers le milieu de cette fraîche vallée coule une rivière encore troublée par l'orage de la nuit; une blonde buée imprime sur toutes ces choses une vague poésie, un charme qui va au cœur et qui, dans un instant, va se trouver dissipé par l'éclat brutal du soleil levant.

Le yé de Yotsu est tout de bois laqué, garni de shoji, panneaux de fenêtres en papiers; ces panneaux, glissant dans les rainures, s'ouvrent au jour et permettent de voir au dehors, et aussi d'être vu. Qu'importe! le Japonais ne cache pas sa vie et craint peu la curiosité; mais si quelqu'un affectait de le dévisager, un paravent serait vite déployé devant ses yeux, et le maître lui-même, le maître craint et respecté, viendrait demander compte à l'insolent de son indiscrétion. Et qu'il prenne garde : le vieux Yotsu a la morgue de ses ancêtres, il porte deux sabres à la ceinture, et l'art le plus savant de l'escrime n'a rien qu'il ignore.

Justement la route poudreuse bordée de roses cerisiers en fleurs passe le long du yé ; souvent les voyageurs, parvenus ainsi au sommet de la côte s'arrêtent, autant pour reprendre haleine que pour jeter un regard sur le beau pays qu'ils ne se lassent pas d'admirer. Et quelquefois un poète enthousiaste jette au vent quelques vers de Marasaki-Shikiribou...

## II

Ce matin-là, Nézumi, la petite servante de Yotsu, venait de tirer les shoji, et elle aperçut la terre toute couverte d'une couche légère de corolles roses et blanches, à tel point qu'on ne distinguait plus le sol, devant les marches de bois laqué noir.

— Oh ! dit-elle, le vilain vent ! et la vilaine pluie qui ont fait tomber les fleurs des cerisiers !

Et elle reprit, avec un regret d'abîmer ce doux tapis immaculé :

— Où jetterai-je ce marc de thé ?

Elle réfléchit un instant, puis elle s'avança sur la terrasse extérieure de la maison et, avec un geste insouciant, elle lança sur la route le contenu du plateau qu'elle tenait à la main.

— Baka ! Berabo !... cria une voix irritée. Voilà mon beau vêtement neuf tout gâté.

Nézumi tendit la tête en dehors et aperçut, en compagnie d'un samuraï à deux sabres, un beau jeune homme richement habillé, un daïmio sans doute et sur qui elle venait de jeter son thé. L'aventure était certes désagréable et la petite servante était trop bonne pour se montrer satisfaite de sa maladresse. Mais la victime avait pris un air si piteux que Nézumi ne put s'empêcher de rire, la folle !

Baka!.. Berabo!.. Voilà mon beau vêtement neuf tout gâté.

— C'est toi, la servante, qui as fait ce bel exploit; et tu te moques encore, par surcroît? Ouvre-nous, que je parle à ton maître.

La chose tournait mal! Pauvre Nézumi! Sa gaîté intempestive la quitta et c'est en tremblant qu'ayant posé le malencontreux plateau sur la table voisine, elle descendit ouvrir la porte aux nobles étrangers.

— Ton maître, quel est-il?

— Yotsu, daïmio de Nagawa.

— Va le chercher.

— Il dort encore, seigneur.

— J'attendrai son réveil.

Et posant ses sabres sur ses genoux, Hikusen, le daïmio de Taratori, s'assit au seuil de la maison, non sans avoir ramené, avec un geste de mauvaise humeur, la belle étoffe, encore toute mouillée, de son manteau de soie blanche brodé de lunes d'or. Le samuraï était resté debout, adossé à un kakémono précieux, peint par un des grands maîtres d'autrefois, Kâno ou bien Moronobou.

Nézumi, alerte mais pensive, achevait de mettre en ordre les divers objets familiers de son maître, dont le réveil ne devait pas tarder; elle n'y songeait pas sans frayeur, la pauvre! Que dirait le terrible Yotsu, toujours si exigeant sur la bonne renommée de sa maison, et sur le respect qu'on doit aux représentants des classes élevées? Quelle réparation exigerait ce beau seigneur si fier et si richement vêtu, qui avait bien besoin, ma foi! de passer sous la fenêtre à une pareille heure?

Cependant, de son côté, après avoir donné à sa précieuse étoffe toute son attention, Hikusen en reporta une partie sur la petite servante, à qui, à mesure que le temps s'écoulait, il en voulait beaucoup moins.

La suivant des yeux dans son travail, il la voyait jolie, de formes gracieuses et élégantes sous ses habits simples; il regardait ses beaux cheveux noirs étagés dans une harmonieuse coiffure où

se mêlaient les coquillages et les épingles brillantes, son teint mat,
frais, ambré comme la fleur du prunier, un air de douceur et de
modestie répandu sur ses traits si fins ; il voyait aussi ce gros chagrin, prêt à éclater, qui bridait sa bouche et gonflait ses yeux,
chagrin dont il était cause, et qui, maintenant, faisait sur lui une
impression plus vive que le rire de tout à l'heure.

La pauvre mousmé, la pauvre petite servante, légère comme un
papillon, la tête vide comme un moineau ! ne fallait-il pas par-
donner son étourde-rie ? Et qu'importait, en somme, au riche
Hikusen, la perte d'un lé d'étoffe ?

— Comment t'ap-pelles-tu, la petite ser-vante ?

— Nézumi, sei-gneur.

— Nézumi, souris, c'est un nom qui con-vient bien à ta mine

La suivant des yeux dans son travail.

fûtée et à ton trottinement agile ! Eh bien, console-toi, Nézumi,
tu ne seras pas grondée par Yotsu. Mais une autre fois, jeune
étourdie, regarde où tu jettes ton marc de thé.

Yotsu arrivait à ce moment. Hikusen le salua.

— Je n'ai pas voulu passer près de ton yé sans te connaître,
Yotsu ; ta renommée était parvenue jusqu'à moi, et je porterai à
Seto le souvenir de ce passage dans ton palais. Je suis Hikusen,
daïmio de Taratori.

— Ce matin est pour moi l'aurore d'un jour heureux, répondit

le puissant Yotsu, avec politesse. Ma maison t'est ouverte : je souhaite de t'y voir souvent.

### III

Oui, il y revint souvent, le bel Hikusen, dans la maison du
daïmio de Nagawa! Depuis longtemps le printemps avait disparu,
les cerises de la route étaient mangées, les moissons d'été rentrées,
la glycine, puis l'iris avaient fleuri, et le yé, sur le sommet du
coteau, disparaissait maintenant au milieu des érables rouges
et des chrysanthèmes multicolores : Hikusen venait encore saluer
Yotsu, tout étourdi de cette amitié neuve, et en même temps
Nézumi, avec son joli sourire, servait le thé dans la vieille faïence
de Satsma.

Or, le beau daïmio était amoureux, amoureux fou de la petite
servante, et il n'osait le dire. La disproportion de naissance, de
rang, de fortune était si grande, qu'elle appelait le ridicule sur une
pareille union, et le jeune homme hésitait à braver ainsi l'opinion.
Pourtant tous les jours il se sentait épris davantage, et cette jeune
fille l'ensorcelait, en vérité!

Un jour, enfin, il parla et, à Nézumi toute tremblante de joie,
il fit l'aveu qui brûlait son cœur.

— Que dites-vous, seigneur? Vous vous moquez de moi, c'est mal!

— Je ne me moque pas, je suis sincère; tu seras ma femme.

— Moi, votre femme! Moi, Nézumi, la servante, c'est impossible.

— Impossible! Pourquoi, si je le veux.

— Que dirait le maître? Je dois le servir dix ans encore, et
jusque là il a tout pouvoir sur moi.

— Tu diras à Yotsu que tu m'aimes et que je t'aime, tu lui
demanderas ton congé, il ne sera pas assez cruel pour te le refuser.
Ne dis pas non ainsi, Nézumi, car tu réussiras, j'en suis sûr. Quant à
moi, je suis libre de mes actions, de ma fortune, tu es digne de devenir mon épouse, et lorsque tu seras dans mon palais, tu comman-

deras à tous le respect, aussi bien que si tu descendais d'un mikado.

Voilà donc Nézumi sur le point de parler à son maître, le vieux et laid Yotsu. Certes elle en aurait le courage !... Non pas qu'elle se sentît éblouie, ni même séduite outre mesure par cette extraordinaire faveur, dont elle ne se dissimulait pas les dangers. Mais, depuis ce printemps, elle aimait en secret Hikusen, rêve délicieux que la veille encore elle n'osait s'avouer à elle-même ; demain il pourrait devenir une réalité si elle ne rencontrait aucun obstacle de la part de celui qui disposait de son avenir ; elle ne voulait pas tarder davantage à demander ce consentement indispensable à son bonheur. Pourquoi, au surplus, Yotsu refuserait-il ? Exigeant et brutal, il n'était pas cependant trop dur pour ses serviteurs, et d'ailleurs, le mariage de Nézumi devait lui importer peu !

Hélas, qu'elle était loin du but, la pauvre servante !

Yotsu ne saisit pas tout d'abord le sens exact de la prière qui lui était adressée. La timide jeune fille, dans son émotion, embrouillait le manteau brodé, le marc de thé, Hikusen, les cerisiers en fleurs ; mais lorsqu'enfin le maître eut compris que Hikusen, son grand ami, dont il admirait la constance, n'était venu chez lui si longtemps que pour voir sa servante, et que maintenant, chose lamentable et bien digne de la génération nouvelle, il voulait déroger et épouser une pauvre fille du peuple, il fut à la fois vexé et indigné : vexé d'avoir joué le rôle de dupe ; indigné de voir chez un homme de sa caste une mésalliance qui blessait tous les anciens préjugés, et dont il aurait à rougir, lui-même tout le premier, en tant que daïmio.

Lorsqu'enfin Yotsu put parler, ce fut pour éclater en imprécations et en reproches, accompagnés de grands gestes de menace. Il rappela à Nézumi son origine obscure, sa condition humiliante, les durs travaux auxquels elle avait consacré son temps, et il riait avec un gros rire moqueur, en comparant tout cela avec le haut rang auquel elle aspirait.

— D'ailleurs, ajouta-t-il, je suis bien bon, vraiment, de prendre

Yotsu éclata en imprécations.....

à cœur une aussi sotte aventure! Retourne à ton travail, ambitieuse,
et applique-toi à le bien faire, ou sinon!... Quant au galant Hikusen,
s'il revient ici, c'est moi qui le recevrai, et de façon qu'il s'en
souvienne!

Il s'éloigna, laissant Nézumi épouvantée d'un tel débordement
de colère et d'injures. Lorsqu'il fut parti, la pauvre fille pleura longtemps, sur la ruine de ses espérances, toutes les larmes de son
cœur simple.

<h2 style="text-align:center">IV</h2>

Cependant il ne fallait pas qu'à son tour Hikusen vînt affronter
la colère et les insolences de Yotsu. Donc, reprenant un peu ses
sens, elle trempa son pinceau dans l'encre de Chine et écrivit à celui
qu'elle avait déjà considéré comme son fiancé :

« Hikusen, toi qui étais apparu dans la vie de l'humble servante
comme la brise du soir après l'étouffante chaleur du jour, Hikusen,
adieu! La volonté du maître est plus forte que mon amour. Nézumi
restera fille; l'or et la soie de ton palais ne sont point faits pour elle ».

Elle allait mettre à la suite le monogramme de son nom, lorsqu'elle songea au danger que courait le jeune daïmio, s'il s'aven-
turait encore dans le yé de Yotsu. Elle ajouta donc :

« Si on te voyait dans ce palais ou alentour, ce serait ta perte;
Yotsu est méchant et sa colère est terrible! »

Puis elle signa, et fit parvenir sa lettre aussitôt.

Hikusen était impatient de recevoir des nouvelles, et fort peu
rassuré, au fond, des suites de sa folie; car c'était folie, vraiment,
que d'aller prendre femme dans les derniers rangs du peuple. Le
charme, la beauté, l'honnêteté de Nézumi n'étaient même pas une
excuse suffisante à cet acte que beaucoup autour de lui blâmeraient.

Mais, malgré ce que la raison lui commandait, il braverait les
résistances et épouserait la femme de son choix.

Dans son inconséquence de jeune écervelé, il n'avait pas voulu s'attarder à l'hypothèse que le maître de Nézumi refuserait de la laisser partir. Or, cet obstacle était, au contraire, très à craindre, et la loi formelle à cet égard : la servante devait son temps au maître pendant la durée du contrat ; elle ne pouvait se marier sans autorisation. Mais, bah ! se disait Hikusen, à des circonstances extraordinaires, il faut des résolutions exceptionnelles, et bien certainement Yotsu, son ami, ne se refuserait pas à favoriser leur bonheur.

Sur ces beaux projets, sur ces illusions, la missive désolée de Nézumi tomba comme la neige tardive sur les fleurs du printemps. Le jeune homme fut tout bouleversé par l'annonce de cette rigueur inattendue, et la dernière phrase, surtout, l'irrita vivement.

— Quoi ! ce Yotsu, cet homme laid et ridicule, prétend m'intimider, moi, Hikusen, le descendant des seigneurs de Taratori, célèbres dans tout le Nippon pour leur vaillance. Non seulement il contrecarre mes projets, mais encore il prétend m'interdire jusqu'à la route qui passe au bord de son palais, et qui, pourtant, est à tous, même aux mendiants ; si on l'écoutait, vraiment, ne faudrait-il pas quitter jusqu'à la province, parce que ce vieux fou a chez lui une servante à laquelle il tient !

A se monter ainsi, Hikusen en arriva bientôt aux extrêmes ; d'une voix irritée, il demanda ses sabres, et d'un pas fébrile, prit le chemin du palais de Yotsu.

## V

Celui-ci était précisément sur la terrasse de sa maison, arpentant nerveusement le plancher pour calmer un reste de fureur qui grondait en lui. De là, comme l'on sait, il apercevait la route dans ses détours, et, lorsqu'il vit venir Hikusen, il sentit se réveiller les sentiments divers qui l'avaient mis hors de lui quelques heures auparavant. Le voilà donc, ce bellâtre, triste héritier d'ancêtres fiers et vaillants ! Il se moquait des gens plus âgés que lui, et il courtisait les servantes, sans souci de l'opinion de ses pairs et de l'honneur de sa caste ! Maintenant, il n'y a plus chez les jeunes gens ni amitié, ni retenue, ni dignité, ni religion, ni respect des choses établies ! Comment les dieux tolèrent-ils de semblables désordres ! Mais, du moins, lui, Yotsu, ne souffrirait pas sous son toit pareille injure !

Et du plus loin qu'il put se faire entendre :

— Toi que j'ai cru mon ami, et que maintenant je méprise, tu ne viens pas, je pense, franchir le seuil de ma maison ? Elle n'est ouverte qu'aux honnêtes gens.

— Je viens, au contraire, causer avec toi en ami, Yotsu, et te faire entendre raison, dit Hikusen.

Et en même temps il entrait dans le jardin.

— Hors d'ici ! Berabo ! misérable hinnin, cria Yotsu. Hors d'ici, ou je te fais payer cher ton insolence !

Le chevalet chargé de ses sabres se trouvait à portée ; il y saisit un long tourugi à deux tranchants, et se précipita sur le visiteur.

Hikusen recula d'un pas, ne s'étant guère attendu à une apostrophe aussi virulente. Mais le sang de ses ancêtres coulait dans ses veines ; il n'hésita pas davantage ; tirant son sabre, encore que celui-ci fût plutôt une arme de parade, il se mit vivement en défense.

— Au surplus, dit-il, vidons sur-le-champ cette querelle ; toi mort, Nézumi deviendra libre et m'appartiendra.

— Tu comptes trop vite sur ma mort, jeune audacieux. Appelle à ton aide la science des armes et le secours des dieux, car Yotsu, daïmio de Nagawa, ne fait jamais grâce.

La lutte s'engagea. Elle fut longue, car si Yotsu était vigoureux et exercé depuis sa jeunesse aux rudes combats, Hikusen était plus souple et plus agile ; tous deux avaient déjà reçu quelques blessures sans gravité, lorsqu'une natte au fond s'écarta pour laisser passer le joli visage inquiet de la petite servante, attirée par le bruit insolite ; en voyant cette scène terrifiante, elle ne put retenir un cri, et Hikusen, instinctivement, tourna la tête. Ce fut sa perte ; au même instant l'épée de son adversaire s'abattait, et ne rencontrant aucune parade, elle traversa la poitrine du daïmio de Taratori.

Nézumi s'était jetée sur le corps ensanglanté de son fiancé. Yotsu, impassible, essuya son beau sabre à garde ciselée, et le reposant sur le chevalet :

— Nézumi, dit-il avec un sourire cruel, il faudra faire porter ce jeune homme dans son palais. Que son exemple profite à tous ceux qui oublient les saintes lois du Nippon. Puis s'enveloppant dans son manteau avec dignité, il sortit.

L'épée traversa la poitrine du daïmio.

## VI

Ainsi, le bonheur à peine ébauché était à jamais rompu. Hikusen était mort, mort pour Nézumi et par Nézumi, et elle, la petite servante, si jolie et si rieuse, si insouciante avant qu'un beau seigneur fût venu la chercher et troubler sa quiétude, elle restait seule sur la terre pour pleurer, portant dans son cœur un deuil que rien ne rachète. Elle, qui avait rêvé de vivre à côté de cet homme, de partager sa joie et ses douleurs, elle ne pourrait même pas assister à ses funérailles, suivre son cercueil jusqu'au cimetière, au milieu des pleureuses et des porteurs de lanternes ! Mais aussi, elle devrait conserver devant les yeux, dix ans encore, l'odieuse figure de ce maître redouté, auquel elle devait son malheur.

C'était trop souffrir ! Qu'avait-elle fait, l'humble fille, pour être ainsi punie du ciel ?

Le ciel ! en prononçant ce seul mot qui représentait à son esprit

borné les puissances surnaturelles dont on lui parlait depuis l'enfance, elle sentit naître un espoir fou. Pourquoi, puisque les prêtres
de Bouddha racontaient sans cesse à la foule des fidèles des histoires
de résurrections mystérieuses, d'incarnations extranaturelles, pourquoi ne demanderait-elle pas au dieu la vie de son fiancé?

Passant aussitôt du désespoir le plus profond à la confiance sans
limites, elle ne douta pas du succès. Elle se relève presque joyeuse,
elle revêt ses plus beaux habits, écrit sur une feuille de papier de
riz, suivant l'usage, l'objet de sa prière et, sa boîte d'encens à la
main, elle se dirige rapidement vers le temple, qui dressait son
portique de bois sculpté au milieu des érables rouges, sur les premiers versants de la colline.

## VII

Le temple était vide ; outre que ces sanctuaires bouddhistes sont
très peu fréquentés, l'heure n'était pas propice aux visites des
fidèles, et les bonzes étaient sortis pour mendier sur les routes et
à la porte des maisons.

Nézumi entre, frappe trois fois dans ses mains, selon le rite,
pour appeler l'esprit du dieu, puis s'agenouille, saisie de respect en
présence de Bouddha devant lequel brûle le feu éternel. Le dieu est
assis sur une large feuille de lotus d'or, et le socle de laque qui le
porte, incrusté d'ivoire et de nacre, est, lui aussi, recouvert d'une
abondante végétation de feuilles et de fleurs d'or massif desquelles
Bouddha semble sortir pour commander au monde. La main droite
dressée vers le ciel indique la toute puissance de la loi divine au-
dessus des volontés humaines, et son éternelle immutabilité.

Pendant quelques instants, Nézumi prosternée reste muette. Sa
demande lui paraît maintenant insensée, et elle n'ose plus la formuler. Cependant, la fumée d'encens sortant de la cassolette
allumée faisait autour du dieu de bronze une rose auréole, au
milieu de laquelle se détachait la douce figure de Bouddha, dans

son type conventionnel un peu efféminé, calme et bon. La petite
servante reprend courage ; le sanglot qui étreignait sa gorge éclate
en larmes bienfaisantes qui soulagent son cœur oppressé, et vers le
dieu monte la prière de la pauvre enfant éperdue :

— Bouddha! Bouddha! Hikusen, mon fiancé, est mort. Répare,
l'injuste destin et rends-lui la vie.

Lentement, Bouddha abaissa ses paupières, entr'ouvrit ses lèvres
de métal, et s'adressant à l'humble fidèle :

— Hikusen était ton fiancé? dit-il. Mais n'était-ce pas un haut
et riche seigneur, un des maîtres de ce pays?

— Oui.

— Et toi, qu'es-tu, jeune fille, pour prétendre à son alliance?
Tes vêtements sont simples, ton offrande est petite; sur ce papier
déployé devant mes yeux, ta demande est écrite d'une façon naïve,
et dans le style du peuple.

— Bouddha, puissant Bouddha, je suis une servante.

— Alors, pourquoi aspires-tu si haut? Pourquoi veux-tu t'as-
seoir près du trône, quand le dieu t'en a placée si loin?

— Hélas!...

— Tu pleures ton fiancé? Crois-tu que, s'il t'eût épousée, tu
n'aurais pas pleuré souvent dans ta condition nouvelle? Ton époux
aurait-il résisté toujours au mépris des siens, au regret de sa mésalliance? Aurais-tu brodé ces étoffes, aurais-tu peint ces kakémono
qu'aiment les hommes de son rang? Aurais-tu parlé cette langue
harmonieuse à laquelle l'ont habitué ses premiers bégaiements d'enfant? Toi-même, que serais-tu devenue au milieu des princesses?
Quelle contenance aurais-tu gardée au milieu d'elles? N'aurais-tu
pas fait rire souvent de toi-même et de ton époux?

Nézumi ne trouvait rien à répondre; son âme se glaçait à
mesure que le dieu parlait, avec son raisonnement rigoureux.

— Il te sera pardonné, reprit Bouddha, parce que tu es jeune,
inexpérimentée, et parce que toute femme est éblouie par l'attrait

« Soit, ta constance sera récompensée ».

des richesses et d'une situation plus élevée. Hikusen, lui, a été puni parce que son esprit plus mûr devait l'empêcher de troubler ton repos, le préserver contre de semblables inconséquences, et le défendre contre les entraînements.

— Nous nous aimions, murmura Nézumi; ceux qui aiment ne raisonnent pas.

Bouddha, à son tour, parut frappé de cette logique de femme qui s'opposait à la sienne. Il réfléchit quelques instants, puis, avec lenteur, il prononça l'arrêt divin :

— L'amour, sans doute, est une excuse; mais il ne peut rendre juste ce que la loi défend, ni rétablir ce que la volonté du ciel a détruit.

Les yeux de la statue de bronze se fixèrent, immobiles, sur l'espace infini, et la figure reprit son impassible sérénité.

Nézumi comprit que la décision était immuable, et que ses espérances étaient brisées à tout jamais! Alors?... vivre, vieillir avec ce souvenir terrible, près de ce maître odieux?... Oh non!

— Bouddha, cria-t-elle avec angoisse, prends au moins ma vie!

La face divine se ranima, avec une expression de pitié suprême.

— Soit, dit le dieu, ta constance sera récompensée. Je prends ton âme et celle de ton fiancé, et j'en fais deux étoiles que je place au firmament. Mais dans l'éternité la voie lactée vous séparera, et, un seul jour par an, vous pourrez vous rejoindre, si les oiseaux du du ciel veulent bien se réunir pour vous faire un passage.

La cassolette, prête à s'éteindre, jeta une dernière flamme, le parfum monta vers la statue en une fumée plus intense, et Nézumi à demi pâmée vit, comme dans une vision, la réalisation des promesses du dieu. La paroi du temple avait disparu sous l'éclat des flammes et de l'auréole de feu; dans la main de Bouddha deux étoiles, l'une blanche, l'autre rouge couleur de sang; des oiseaux s'élevaient vers le ciel, avec des cris joyeux, au milieu des accords d'une musique douce et ravissante; et tout au loin, comme une

promesse de bonheur, les deux figures réunies d'Hikusen et de
Nézumi... Puis tout s'estompa, peu à peu se fondit devant le visage
de Bouddha toujours impassible et bon, et doucement la petite servante s'étendit sur le sol, inanimée.

## VIII

Dans tout le royaume du Japon on célèbre, à l'automne, la fête du
*Mariage des étoiles.* C'est une des plus populaires, et celle, sans contre-
dit, dont les manifestations sont les plus char-
mantes. La ville est toute en joie, pavoisée, les rues
retentissent de cris d'allégresse, la rivière, ou la
mer, est sillonnée de barques, les fusées traversent
l'air et éclatent en gerbes brillantes. Ce jour-là, les
amoureux et les fiancées écrivent des noms et des
souhaits sur de petits carrés de papier qu'ils jet-
tent vers le ciel ; ils recueillent ensuite avec
soin ceux qui retom-
bent et qu'ils peuvent
retrouver. Les autres,
suivant la croyance,
se sont transformés
en oiseaux, et sont
allés porter ces vœux
aux divinités propices.
Joints aux autres oi-
seaux du ciel, ils for-
ment au-dessus de la
voie lactée un pont im-
mense, qui permet au
noble daïmio et à l'humble petite servante de se rejoindre un seul
jour, et d'exaucer les souhaits de tous ceux qui sont comme eux,
sur la terre, simples, fidèles et dévoués malgré tous les obstacles.

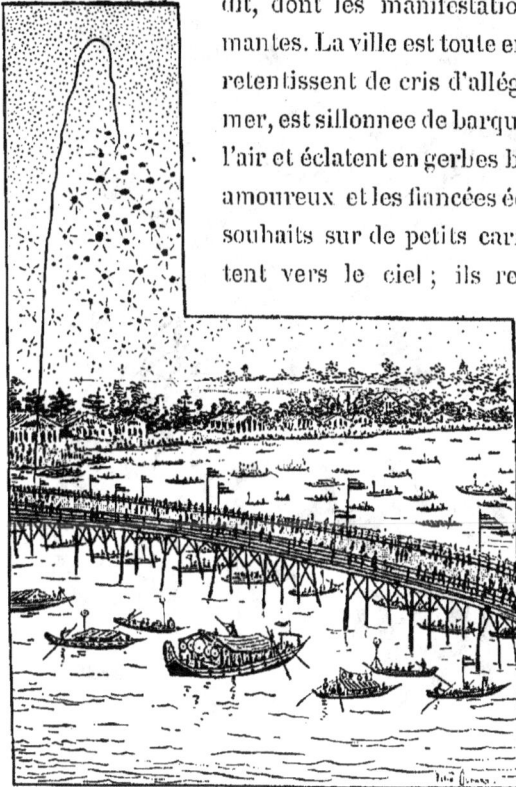

LA FORÊT ENCHANTÉE

Il courait des bruits étranges sur la forêt d'Homokusaï ; on disait,
dans toute la province, qu'elle était enchantée. Et, vraie ou non,
cette réputation avait peu à peu éloigné les habitants du voisinage.

Non pas, certes, que jamais les hôtes de la forêt eussent causé quelque dommage dans les environs ; on ignorait même qu'elle en eût, car ce qui, précisément, contribuait à répandre dans le pays cette terreur mystérieuse, c'était son calme profond, sa sombre masse de verdure, l'atmosphère lourde semblant planer au-dessus des arbres ; on avait remarqué aussi, ou cru remarquer, tout au moins, que le vent n'avait aucune prise sur elle ; que le torrent qui en sortait roulait parfois des eaux rougeâtres, comme teintes de sang ; que souvent s'élevait de ses profondeurs obscures, sans chemins et sans clairières, un concert étrange, confus, où des cris d'animaux semblaient se mêler à des plaintes humaines... Mais en était-on bien sûr ? Car si on en approchait peu, on y pénétrait moins encore, et nul ne pouvait dire qu'il eût souffert directement de la forêt enchantée ou de ses habitants.

Néanmoins, soit crainte superstitieuse, soit dépit de n'oser pénétrer dans cette forêt et exploiter ses richesses, toujours est-il que les alentours se dépeuplaient. La terre était au premier occupant. Aussi y venait-il facilement des aventuriers, ou de ces pauvres gens qui ne s'effrayent de rien, n'ayant rien à perdre.

Hanko tenait à la fois des deux. Il avait été longtemps intendant d'un daïmio : et à servir un maître si puissant, il avait su faire profiter sa bourse, exigeant toujours davantage du paysan et donnant toujours moins au seigneur, si bien qu'un jour celui-ci, déposant son sabre sur le cahier des comptes que l'intendant venait de lui présenter, lui dit :

— Hanko, tu es un voleur !

Hanko se vit perdu :

— Seigneur, balbutia-t-il, voici mes comptes, examinez-les ; vous verrez que votre fidèle intendant...

— Hanko, tu es un voleur, reprit le daïmio. Je n'entends rien à tes comptes et je ne veux pas les voir. Je te fais grâce de la vie pour un jour... Tu me comprends ?

Hanko baissa la tête et n'en demanda pas davantage.

Le soir même il fuyait avec sa femme, ses enfants, son argent volé, et peu après, on le voyait à Seto mener le train d'un bourgeois riche et considéré.

Mais Hanko était paresseux... mais Hanko était joueur. Au bout de l'année il n'avait plus rien ; sa femme était morte, il était chassé de partout. Alors il vint se réfugier contre la forêt d'Homokusaï, parce que là seulement il pouvait espérer vivre avec le produit de son labeur et celui de ses filles, son fils Kamô étant encore tout petit.

Il lui fallait donc travailler, lui qui, pendant trente ans, s'était séché le cœur à faire peiner les autres plus qu'ils ne devaient. Et comme il était malhabile, comme plus d'une fois sa hache, mal dirigée, brisait les montures d'éventail qu'il coupait à raison d'une sapèque le paquet, le pain manquait souvent à la maison.

Le travail de ses enfants l'aidait encore ; cet homme vieux, laid, avare, cruel, paresseux et débauché, avait trois filles jolies, bonnes, douces et honnêtes : Shiya, Gamawuki et Yabura.

L'aînée était belle comme le point du jour ou comme la fleur du pêcher. Shiya n'est-il pas un nom de fleur ? Jamais nom ne fut mieux porté ! En même temps douce et simple, bonne à tout le monde, sensible au mal des autres, elle regrettait seulement une chose : n'avoir rien à donner.

Gamawuki était vive, pétillante de corps et d'esprit, incapable de fixer sa pensée sur rien, gaie comme un suzumé, insouciante comme un hâto, la colombe blanche qui ne s'inquiète jamais du lendemain ; c'était, des trois, celle qui souffrait le moins de l'infortune présente, et peut-être cependant, plus que les autres, elle eût aimé l'or, les beaux vêtements brodés, les pierreries aux mains et dans les cheveux ; c'était l'enfant gâtée de la maison. Elle en profitait pour travailler peu et rire beaucoup.

Yabura était encore bien jeune, et on ne pouvait guère juger son

caractère. On pouvait déjà lui reprocher, peut-être, un air dédai-
gneux, un ton d'autorité qui ne convenait guère à son âge. Mais les
jolis yeux noirs qu'elle avait, si perçants et railleurs ; les longs cheveux de jais et la bouche surtout, la bouche de corail tout en rond,
et saillante comme celle du beau poisson sacré, le Namako !

Quant à Kamô, il avait dix ans à peine, et on ne songeait guère
à lui, à ce qu'il pourrait être et à son caractère.

## II

Tout ceci posé, sachez donc qu'un beau jour, après avoir, la
veille, bu, mangé, et par là-dessus, dormi, Hanko se réveilla pour
entendre ses quatre enfants lui crier famine.

Or, il ne restait plus rien à la maison, et pas une sapèque pour
acheter une poignée de riz.

Compter sur les voisins ? Misère ! ils étaient aussi pauvres ; et
le bonheur visitait si rarement ces tristes toits de bambou, que
lorsqu'on frappait à la porte, le maître venait ouvrir avec une hache
à la main, et d'un air soupçonneux, plein de réticences et de mauvais souhaits !

Que faire ? Comment vivre jusqu'à ce qu'un travail nouveau fût
prêt à être donné aux marchands de passage, ou porté à la ville
voisine ?

Après avoir longtemps tourné et retourné sa détresse, Hanko,
accroupi sur le seuil de sa maison, en face de la forêt, prit une
résolution subite.

Pourquoi, par une ridicule superstition, hésiterait-il plus longtemps à pénétrer dans cette forêt ? Sans doute elle devait avoir en
abondance des bois précieux, ces arbres à gomme et à laque,
l'*urushi* ou le *kaki*, une fortune pour qui les exploite ; ou bien, à
défaut du gibier à chasser, des plumes et des fourrures à dépouiller ;
des fruits sauvages, tout au moins.

Mais d'autre part, quels dangers à courir ! Quelles puissances

Il coupait des montures d'éventail.

mystérieuses à heurter !... Bah ! Hanko, plus instruit et plus expérimenté que ses voisins, était un esprit fort. Puis le besoin le poussait, et il ne risquait que sa misérable vie, dont il ne faisait pas grand chose. Bref, l'hésitation ne fut pas longue : la lisière du bois était à deux pas : il pénétra sous le taillis.

A vrai dire, dès que le ciel lui fut caché, son cœur se serra quelque peu et il s'attendit à quelque événement extraordinaire... Mais point ! Pendant une grande heure il avança avec difficulté au milieu de broussailles qu'aucun pied humain n'avait sans doute foulées depuis longtemps, et il n'éprouvait qu'un peu de fatigue déjà, et cette sorte d'oppression qui étreint les voyageurs peu familiarisés aux longues courses en forêt.

Deux choses pourtant le surprenaient : le silence inaccoutumé de ces futaies où aucun oiseau ne s'agitait en apparence, pas même le gai suzumé qu'on est habitué à voir partout où se trouve un fourré, et l'absence de ces richesses inexploitées qu'il cherchait. Rien que le bambou au fût élancé, lisse et annelé, au feuillage bruissant comme la soie froissée, le triste pin, ou bien le matsu au cœur rouge, si commun partout qu'on le brûle pour s'amuser, et le touga à la silhouette tourmentée, aux branches traînant jusqu'à terre, et formant des massifs presque impénétrables. Sa pénible recherche devait-elle demeurer inutile, et rentrerait-il chez lui sans rapporter les ressources tant attendues ?

Tout à coup, le terrain s'éleva, devint çà et là rocheux et accidenté, les arbres se firent plus rares, laissant percer un peu de la lumière du ciel qu'on apercevait par instant, et notre explorateur put supposer que bientôt il allait pouvoir dominer la forêt, et avoir une conception plus nette de sa configuration, dont il ne se faisait aucune idée, ayant marché à l'aventure. Mais avant d'arriver à ce point culminant, il fut surpris par la rencontre subite d'une fissure, abrupte, aux abords presque perpendiculaires, et qu'il ne savait comment franchir. Il s'avança avec précaution et jeta un coup d'œil sur ce précipice profond de cent shaku à peine, mais très escarpé.

Au fond coulait un clair torrent, chantant avec un doux murmure, et un seul arbre, tout droit, un grand pin au feuillage sombre, se dressait du fond de cette vallée, sa tête en dépassant les sommets.

Hanko fit remonter ses regards jusqu'à la cime de cet arbre et aperçut, au milieu des branches supérieures, une lourde masse noire et confuse, dont il ne distinguait qu'imparfaitement la forme.

— Enfin, se dit-il, je tiens donc le secret de la forêt. Là sans doute est un trésor, et s'il n'est pas mieux gardé qu'il ne semble, me voici riche !

Et saisissant sa hachette, prêt à toute aventure, il se dressa au bord du ravin, cherchant où la descente serait le plus aisée.

Mais à peine s'était-il montré ainsi qu'un fracas épouvantable se fit entendre au-dessus de sa tête. Avant qu'il ait pu se mettre en garde, un choc le précipita sur le sol, il se sentit soulevé par ses vêtements, et, en rouvrant les yeux, il vit qu'un aigle gigantesque, surnaturel, le tenait entre ses serres, l'emportant vers l'arbre tant convoité un instant auparavant.

Cette masse noire qui intriguait Hanko n'était autre, comme celui-ci put bientôt le constater, que le nid de ce monstrueux animal. L'aigle en effet déposa le malheureux au fond de l'entonnoir fait de branchages et de feuilles, et se percha sur le bord extérieur, le tenant en respect avec son bec robuste et affilé.

Hanko se crut déjà mort. Son arme lui avait échappé, et il ne pouvait songer à lutter contre ce terrible oiseau, qui allait le déchirer en quelques instants. Or, quelle ne fut pas sa surprise, quand il entendit l'aigle lui adresser la parole, en fort compréhensible langage :

— Brigand, disait-il, que viens-tu faire dans mon domaine ? Sais-tu que cette imprudence va te coûter la vie ?

Entendre discuter, lorsqu'on a cru être dévoré sur-le-champ, c'est déjà fort beau ! Donc l'infortuné trouva bon de gagner du temps en contant par le menu sa misère pitoyable et celle de ses enfants.

Ici, l'aigle l'interrompit :

— Tu as trois filles, dit-il, donne-moi l'aînée en mariage, et je te fais grâce de la vie.

Shiya, la belle et douce Shiya, en pâture à un pareil monstre ! Hanko eut un frisson ! Mais sa frayeur était telle que, pour sortir de ce mauvais pas, il eût promis ses trois filles, et Kamô par-dessus le marché ! Il acquiesça donc à la demande bizarre; l'aigle aussitôt le reprit délicatement par ses vêtements et le remit à terre.

En ce peu de temps, le rusé intendant avait fait nombre de réflexions, il les résuma en quelques mots avant de quitter son incommode compagnon :

— J'étais venu dans cette forêt pour me tirer de la misère, et le mariage de ma fille, quelque honorable qu'il soit pour ma famille, ne donnera pas à manger à mes autres enfants.

— Ne t'inquiète pas de ce soin, répondit l'aigle. Suivant l'usage du pays, je rachèterai ma fiancée, au prix d'un picul d'or massif; je me rendrai chez toi d'ici peu de jours, et jusque-là je pourvoirai à tes besoins.

On se sépara. L'aigle s'éleva vers le sommet des hautes futaies, et le malheureux père, encore tout étourdi de ces événements, pressa le pas pour sortir de la forêt. Au moment où, franchissant les derniers arbres, il revoyait non sans satisfaction le chaume de sa petite maison, un chevreuil dégringola de branches en branches et vint s'abattre auprès de lui. Il était mort, la gorge ouverte, et comme il n'est pas d'usage que les chevreuils perchent au sommet des arbres, Hanko n'eut pas de peine à deviner d'où lui venait ce présent, qui lui permettait de vivre pendant quelques jours.

Revenu chez lui, et réfléchissant à tout ce qui venait de lui arri-

ver, Hanko eut peine à croire que l'aigle serait assez osé pour venir
au milieu des maisons, et au risque de rencontrer une résistance
redoutable, enlever une jeune fille. Il n'avait d'ailleurs aucun scru-
pule à ne pas tenir l'engagement qui lui avait été extorqué par la
violence. Aussi, le lendemain, il avertit en secret ses voisins, et tous
promirent d'accourir dès que l'oiseau gigantesque serait signalé ;
Shiya était aimée pour sa gaieté et son bon cœur, et, aussi bien que
le père, ils se révoltaient à l'idée de la laisser aux griffes d'un monstre aussi épouvantable.

Quelques jours se passèrent ainsi, dans une inquiétude décrois-
sante à mesure que le temps s'écoulait. Pour ne pas effrayer ses
filles, le père les avait laissées dans l'ignorance de ce qu'il redoutait,
leur défendant seulement de s'éloigner de la maison. Le septième
jour, il renouvela ses recommandations, devant s'absenter pour
porter quelques marchandises à la ville, et recommanda la vigilance
à ses voisins. Lorsqu'il revint, il trouva tout le monde en émoi
chez lui.

— Où est Shiya ? demanda-t-il aussitôt, saisi d'un pressentiment.

— Elle est partie.

— Raïko, protège-nous ! l'aigle l'a enlevée ?

— Quel aigle ? Mais non, c'est un fort beau seigneur, un daïmio
au riche costume. Shiya était à quelques pas, occupée à battre le
feutre ; cet homme est descendu de son palanquin, nous a dit que
vous l'autorisiez à emmener votre fille aînée...

— Et elle est partie ?

— Aussitôt.

— La malheureuse !

— Pourquoi malheureuse ? dit Yabura. Le seigneur avait l'air
jeune, aimable et riche. Il a promis à Shiya beaucoup de belles choses, et il a laissé ceci pour vous.

Hanko courut vers un coffret que sa fille lui désignait dans un coin, et l'ouvrit. C'était, en un lingot d'or massif, la dot promise. Il n'y avait plus de doute, Shiya appartenait à l'aigle. Heureusement l'or était là.

Shiya était occupée à battre le feutre.

— Remercions le ciel, dit Hanko, contenant mal sa joie. Je suis persuadé maintenant comme vous, que votre sœur sera heureuse.

### III

Dès ce jour, l'abondance vint à la maison, bien qu'on n'y tra-
vaillât plus. Hanko et ses enfants se parèrent de belles étoffes,
mangèrent de fins morceaux ; l'ex-intendant, redevenu à son aise,
ne manqua pas de rudoyer ceux qui l'entouraient et de leur témoi-
gner en toutes façons son mépris ; aussi, de peu estimé qu'il était,
il devint haï. Gamawuki était un peu trop insouciante et coquette,
Yabura trop fière pour qu'on revînt sur cette impression, malgré
leur grâce et leur beauté.

Malheureusement pour lui, Hanko était joueur, nous l'avons dit.
Quand il eut limé sans ménagements le contenu du coffre, il craignit
de voir bientôt le fond, et il voulut augmenter ses ressources en
tentant le sort. En fort peu de temps ce fut fini, et Hanko redevint
vite le pauvre Hanko, avec cette circonstance aggravante qu'il avait
perdu en même temps son or, le goût et l'habitude du travail, et
l'appui de ses voisins.

Lors donc qu'un beau matin, Hanko se vit sans une poignée de
riz, il songea pour la première fois à sa fille qui le laissait sans
nouvelles, et à son gendre, aigle ou prince, qui faisait de si beaux
cadeaux.

— Bah ! se dit-il, à quoi sert d'avoir un gendre, si l'on ne peut
lui emprunter les quelques *sen* nécessaires pour tenter à nouveau
la chance dans de meilleures conditions ? En tous cas, si je rencontre
l'aigle, il ne me mangera pas ! On ne mange pas son beau-père !

Et bravement, sans même emporter une arme, il se mit sous le
bois à la recherche de ce ravin où il avait eu si peur, et où il devait,
pensait-il, retrouver la douce Shiya.

Mais la recherche n'était pas facile ; le fourré était inextricable,
les hautes futaies cachaient le ciel, aucun point de repère ne guidait
le pauvre homme, qui ne se reconnaissait pas dans cette forêt
enchantée dont le nom semblait bien mérité. La nuit venant tout

à coup, il dut coucher sous un pin, maugréant et de fort mauvaise
humeur, se voyant égaré, et son-
geant qu'il lui faudrait retourner sur ses pas sans avoir
mené à bien son pro-
jet.

Le lendemain,
en se réveillant, il
s'aperçut qu'à peu
de distance la lu-
mière perçait plus
intense à travers
les arbres. Il eut
un moment

La loutre retomba dans le lac.

d'espoir.

Peut-être était-ce le ravin
qu'il abordait par un autre côté? Il s'empressa de faire quelques
pas de ce sens, mais à sa grande surprise, il trouva presque aus-

11

sitôt son chemin barré par un lac, au delà duquel, tout au loin, là forêt semblait reprendre.

Il s'assit fort mélancolique, découragé. Un maléfice s'était sans doute attaché à lui, et son gendre l'aigle, très probablement sorcier, l'avait égaré, se trouvant suffisamment quitte envers lui. Cette hypothèse lui enlevait tout espoir de trouver le vivre et le couvert du lendemain, et il ne savait vraiment que faire.

Il en était là de ses réflexions, quand tout à coup une loutre s'avança tranquillement vers le lac, en animal qui ne soupçonne aucun danger. Hanko, la voyant à bonne portée, se dressa brusquement et la saisit, car c'était à la fois un repas assuré et le prix d'une peau estimée. Mais la bête fut mal prise ; les doigts du chasseur glissèrent sur le poil lisse et humide, et d'un élan la loutre retomba dans le lac ; la main prête à la reprendre ne saisit que l'eau. Au même instant, un fort tourbillonnement agita la surface du lac, et un poisson énorme, tel que Hanko n'en avait jamais vu, se dressa au-dessus de lui, ouvrant une gueule dans laquelle le malheureux fût entré tout entier sans difficulté. Le pauvre homme tomba à la renverse et, dans sa frayeur si grande, il ne réfléchit même pas que son aventure actuelle ressemblait à la première et pouvait se terminer semblablement. Il reprit son sang-froid seulement après qu'il eût entendu le poisson lui adresser la parole :

— Pêcheur téméraire, que fais-tu là ? Pourquoi cherches-tu à ravir mes sujets et à troubler le repos de ce lac ? Tu vas payer de ta vie ton impudence !

— Un moment, s'écria Hanko. Seigneur poisson, ne me mangez pas. Je suis le beau-père d'un seigneur aigle qui habite cette forêt.

— Fort bien, reprit le poisson, je te connais. J'ai même entendu parler de ta fille cadette, et je te la demande pour épouse. Tu ne peux moins faire pour moi que pour l'aigle mon voisin.

— C'est bien cela ! se dit Hanko.

Et sentant renaître son courage, il voulut du moins marchander.

— Seigneur, reprit-il, je vous la donne volontiers, mais pour l'aînée il m'a été payé un picul d'or.

— Je n'en saurais faire autant, car je ne suis guère riche en espèces sonnantes, mais je ne serai pas pourtant moins généreux. Tu auras pour dot un sac de perles.

— Mettez-en deux, répliqua Hanko, défendant son bien avec âpreté.

— Je t'ai offert ce que je possède, n'en demande pas davantage, dit le poisson ; si j'étais le dragon qui garde cette forêt et prélève le dizième sur tout ce qui y pousse et y vit, je pourrais faire plus pour toi. Mais la fortune que je t'offre est déjà belle. Il faut accepter ou sinon...

Et le seigneur poisson ouvrit une gueule formidable, pour appuyer son argumentation.

— Prenez ma fille, j'accepte, cria Hanko.

— J'irai la chercher d'ici quelques semaines. En attendant voici des arrhes.

Et d'un coup de queue, avant de disparaître, le monstre rejeta sur le rivage une huître perlière. Hanko s'en empara avec joie, l'ouvrit, contempla une jolie perle ronde qui devait trouver facilement marchand à la ville, puis il s'empressa de sortir de la forêt enchantée. La nuit était noire quand il rentra chez lui ; il s'endormit harassé de fatigue, faisant des rêves de richesse et de grandeur exempts du moindre remords. Son action n'était pas cependant à l'abri de tout reproche, car cette fois il s'était décidé bien vite !

## IV

Quand, comment et sous quelle forme, le poisson devait-il venir réclamer l'exécution de cet étrange marché ? Hanko se le demandait tous les jours, le temps s'écoulait, et comme il n'entendait parler de rien, déjà il pouvait craindre que l'affaire fût rompue.

Sans doute le fiancé avait trouvé le contrat trop onéreux. C'était bien dommage...... et certes maintenant, l'honnête père se fût contenté d'un demi-sac de perles !

Vers le commencement de la septième semaine, alors que le jour commençait à baisser, il était seul chez lui, triste et préoccupé, lorsqu'il vit venir à lui quelques-uns de ses voisins, et son fils Kamô, tout en larmes.

— Qu'avez-vous donc, que se passe-t-il !

— Hélas ! Pauvre mousmé !...

— Eh bien !

— Elle est morte.

— Mais qui ?... parlerez-vous ?...

— Gamawuki.

— Morte, ma fille ! quel affreux malheur !

Adieu le beau rêve ! Partagé entre son amour paternel et sa cupidité déçue, Hanko ne savait trop sur quoi il pleurait davantage.

— Mais comment est-elle morte ? demanda-t-il enfin.

— Noyée, la pauvre jeune fille que nous aimions tant ! Elle était en bateau sur la rivière ; voyant sans doute un poisson passer, elle a voulu le toucher, car elle est tombée, et on n'a même pas retrouvé son corps.

Un doute saisit aussitôt le père.

— Je veux voir, dit-il, le lieu de ce malheureux accident.

On le conduisit au bord de l'eau.

Le batelet où l'imprudente Gamawuki s'était aventurée était là, attaché à la rive.

— Tenez, dit un voisin, voici même un petit sac qui doit appartenir à votre pauvre mousmé ; vous le reconnaissez, Hanko ? il contient des pois secs, sans doute, ajouta-t-il en le tâtant.

— Oui, oui, s'écria Hanko en s'emparant de la trouvaille. Elle devait me les rapporter, dit-il, en essuyant une larme hypocrite.

Et il soupesait le sac, si lourd qu'à peine il pouvait le porter d'une seule main. Il y avait là, en perles fines, de quoi faire figure dans le monde !

Dès le lendemain, Hanko déclara qu'il ne pouvait plus vivre dans cette contrée qui lui rappelait son malheur, et il partit pour Yokohama, la ville des étrangers.

Là, pendant deux ans, il put soutenir un train de vie assez flatteur pour son amour-propre, et il puisait sans compter dans le bienheureux sac, dont le précieux contenu passait peu à peu entre les mains des riches marchands de la ville. C'est qu'il avait son plan longuement mûri devant son petit trésor chaque jour diminué. Sa dernière fille, Yabura, était d'une éblouissante beauté, les soupirants tournaient souvent autour d'elle et de sa fortune supposée ; mais le père écartait impitoyablement les maris.

Cette fille, dans son esprit étroit, égoïste, perverti davantage encore par les compromis d'autrefois, cette fille était non aux autres, mais à lui, et il méditait d'en tirer parti comme de ses sœurs, non plus, cette fois, contraint et forcé, mais dans une occasion cherchée par lui.

Voilà où la cupidité avait poussé cet homme !

Son gendre n'était-il pas désigné ? Le dragon gardien de la forêt enchantée, et dont les richesses étaient si grandes, ne devait-il pas estimer à haut prix la beauté de Yabura ?

Il faut néanmoins rendre cette justice à Hanko, c'est que, tant que durèrent les perles, l'amour paternel l'empêcha d'aller proposer le honteux marché ; mais lorsqu'il vit les dernières au fond du sac, il ne put hésiter plus longtemps, et sans scrupules il prit le chemin de la forêt.

Ce qu'il craignait surtout, en entrant sous les arbres au mystérieux ombrage, c'était de tomber de nouveau entre les mains d'une divinité inférieure, qui pourrait lui faire un mauvais parti, ou lui imposer à vil prix cette transaction sur laquelle il établissait son rêve de fortune.

Mais il n'eut pas beaucoup à chercher. A peine eut-il crié plusieurs fois et à haute voix : « Dragon, maître de la forêt, Hanko, ton serviteur, t'appelle » que la terrible bête s'élança à travers les arbres, et vint à lui la gueule ouverte, les griffes en avant, au milieu du feu et du soufre. L'apparition fut si prompte et si effrayante, que Hanko en resta muet, la gorge serrée, perdant ce beau sang-froid qu'il avait en préludant à sa mauvaise action.

— Insensé ! dit le dragon. Qui es-tu pour m'appeler ainsi et me provoquer ?

Hanko hésita. Il avait honte maintenant de formuler son projet. Il prit un biais.

— Je suis un malheureux père qui cherche ses deux filles, données bien malgré lui à un aigle et à un poisson de cette forêt.

— Je les connais, répondit le dragon, d'un ton adouci, ce sont des femmes honnêtes, jolies, dévouées à leurs maris.

— Eh ! oui, seigneur, soupira hypocritement Hanko, bien honnêtes, bien dévouées, bien jolies ! Mais que sont-elles en comparaison de leur sœur cadette ?

— Comment, s'écria le dragon, mis en éveil, tu as encore une fille et tu ne me le disais pas ! Je la prends pour épouse.

— Mais...

— Ou tu ne sortiras pas vivant de cette forêt.

— Je suis ravi, puissant prince, positivement ravi, honoré. Mais... pardonnez ma requête. Je suis pauvre, et le seigneur aigle, ainsi que le seigneur poisson, à qui j'ai donné mes filles aînées, les avaient achetées avec des présents considérables.

— N'est-ce que cela ? dit le dragon avec dédain. Ce qu'ils t'ont donné, misérable berabo, est une goutte d'eau auprès de ce que je paierai, moi, l'alliance que je te propose. Ecoute-moi bien. Ta fille est à moi dès ce jour, et dès ce jour tu es riche à faire envie aux plus opulents daïmio, aux marchands les plus considérés de Seto, de Yeddo et de Yokohama. Tu es ivrogne, joueur, débauché, l'or te glisse entre les doigts, je le sais ; eh bien, qu'importe? je pourvoierai à tes besoins de telle sorte que jamais tes folies ne mettront ta bourse à sec.

Hanko était ébloui ; et c'est le front dans la poussière, les paumes des mains élevées vers le ciel, qu'il répondit :

— Seigneur ! Seigneur ! ma fille est à vous, et vous êtes un dieu tout puissant !

## V

Voilà donc Hanko revenu auprès de ses enfants, et envisageant l'avenir avec confiance. Il ne se montra nullement surpris, peu de jours après, lorsque le directeur d'une grande banque lui fit savoir qu'il avait un compte ouvert sur sa caisse ; il se contenta d'y puiser largement.

Par la même entremise il reçut un court billet l'avertissant que Yabura serait cherchée à une date indiquée, par un serviteur chargé de l'accompagner auprès de son époux, suivant le contrat échangé de bonne foi. Au jour dit, en effet, un superbe kogo s'arrêta devant le nouveau palais de Hanko, le mandataire de son dernier gendre en descendit, et le père lui remit sa fille non sans verser quelques larmes sincères, car dans la prospérité, bien qu'il les rudoyât souvent, il aimait toujours ses enfants; et plus encore Yabura, qui, par son caractère autoritaire, le dominait. Son cœur de père l'emportait sur son esprit avide... pourvu néanmoins que celui-ci fût satisfait. Or puisqu'il ne pouvait l'être que par le sacrifice de l'autre sentiment, aucune hésitation, n'est-ce pas, n'était possible?

Eh bien! qui l'eût cru? Hanko, pourvu de tout ce que sa cupidité pouvait désirer, n'ayant même pas la joie de l'avare qui met de côté en prévision de l'avenir, Hanko le riche, le kanémotchi, comme on l'appelait, fut malheureux.

Vieilli, repu, blasé même sur la fortune dont il ne connaissait plus le prix, maintenant qu'il était certain de la conserver, il se prit à regretter amèrement le bonheur que ses filles devaient répandre autour de lui, sans ses marchés successifs. La douce Shiya, l'insouciante et gaie Gamawuki, et Yabura encore, Yabura qu'il aimait tant, qu'il eût pu retenir sans son insatiable avidité, où étaient-elles maintenant, que pensaient-elles de leur vieux père, unies à ces monstres épouvantables, au fond de la forêt maudite d'Homokusaï? Et souvent il cherchait sous sa main une douce main, souvent il lui semblait entendre à côté de lui un rire folâtre, ou bien encore, lorsqu'il rentrait après une nuit d'orgie, ivre de saki, ne connaissant plus un chien d'une cigogne, il s'attendait aux reproches impérieux de Yabura... Mais rien!... Et ses yeux s'emplissaient de larmes, et sa voix tremblait, et pour oublier, il buvait encore du saki...

Son secret lui pesait; il eût voulu avouer son infamie, dût-il toujours en souffrir; du moins il n'eût pas été seul devant ce souvenir fatal. Mais la honte de lui-même, la crainte de l'opprobre de tous le retenaient.

Un jour pourtant il laissa échapper quelques paroles équivoques devant son fils. Celui-ci s'écria :

— Que dites-vous, mon père? Mes sœurs Shiya et Gamawuki seraient vivantes? Vous connaissez leur retraite?

Alors, comme poussé par une force irrésistible, Hanko parla. Il dit à son fils sa détresse première, mais en omettant d'en avouer les causes, le vieux scélérat! Il dit ses angoisses paternelles en voyant ses filles vieillir sans époux auprès de lui, ses courses aventureuses dans la forêt enchantée d'Homokusaï, ses marchés forcés d'abord, volontaires ensuite. Mais ne valait-il pas mieux tenter le sort, courir peut-être au-devant de la mort, plutôt que de vivre sans

La terrible bête s'élança.

jamais être assuré du lendemain ? une telle vie n'est-elle pas une mort de tous les instants ?

Kamô, dans tout ce que disait son père, comprit une seule chose : ses sœurs, qu'il avait cru mortes, étaient vivantes sans doute : il voulait les revoir.

Ce que son père avait tenté : pénétrer le secret de la forêt enchantée, il le ferait lui, avec des ressources et une volonté plus grandes, et il ne doutait pas de la réussite.

Hanko s'effraya de ce projet téméraire, tenta de l'en dissuader ; pendant quelques mois encore il fit taire sa douleur et ses regrets, le jeune homme rongeant son impatience ; mais une telle situation ne pouvait durer, et Kamô vint trouver son père, équipé pour le voyage, ses deux sabres passés à la ceinture.

— Je vais retrouver mes sœurs, dit-il, et je vous les ramènerai.

— Pars, mon fils. Mais souviens-toi de ton vieux père qui t'attend, et ne cherche pas à vaincre l'impossible. N'es-tu pas mon dernier enfant ?

## VI

Voici Kamô, comme autrefois son père, sur la lisière de la forêt enchantée. Mais riche, jeune, beau, bien armé et plein de confiance, il y entrait en conquérant.

Deux serviteurs frayaient le chemin devant lui, à coups de tachi, un autre fermait la marche, le protégeant contre toute surprise ; la petite troupe était bien décidée à résister si elle était attaquée.

Le père n'avait pu donner aucune indication précise sur le chemin qu'il fallait suivre ; d'après ses souvenirs, cependant, le nid de l'aigle devait se trouver vers le soleil couchant. Le soir venu, dans cette direction on n'avait encore rien découvert.

Le lendemain, l'un des guides, se réveillant au petit jour, entendit au-dessus de sa tête un grand bruit d'ailes, et vit confusément une grosse masse noire passer sur le ciel, projetant une ombre gigantesque. Il estima que l'aigle venait de quitter son nid, et, notant avec soin la direction, il réveilla ses compagnons. La marche fut reprise, et quelques instants après on aperçut les lieux décrits par Hanko. Au fond du ravin s'élevait toujours le grand pin portant le nid de l'aigle, et le ruisseau baignait son pied, avec un doux murmure.

Laissant ses serviteurs à l'abri des arbres, Kamô s'avança jusqu'au bord abrupt, et cria :

— Shiya, ma sœur, si tu es vivante encore, réponds-moi. Je suis Kamô, fils d'Hanko, et je viens te délivrer.

Une forme svelte parut au sommet de l'arbre.

— Kamô, mon frère, c'est toi ! Quelle joie de t'entendre et de te voir ! Je ne puis descendre, mais tu es jeune et fort, tu pourras sans doute arriver jusqu'à moi.

Quelques instants après, Kamô, se hissant de branche en branche, parvenait, non sans peine, jusqu'au nid mystérieux.

Hanko ne l'eût pas reconnu, ce repaire où il avait passé un si désagréable moment. Il était aisé de voir qu'une main féminine avait passé par là ; sous une apparence rude, tout était propre et coquet ; un coin était même garni des cent objets nécessaires à la toilette d'une jolie femme.

Ce détail, saisi d'un coup d'œil, n'étonna pas médiocrement Kamô.

Après les effusions du retour, le jeune homme put enfin demander à sa sœur le récit de ce qui s'était passé depuis son enlèvement.

— Mon ravisseur, dit-elle, un beau jeune homme empressé et amoureux, couvert d'une robe de soie toute brodée d'or, m'emmena par une contrée inconnue, jusqu'à l'entrée d'une large avenue pénétrant dans la forêt. Nous nous y engageons, et nous arrivons au pied d'un escalier en vis conduisant à un joli palais aérien. Nous montons, mon époux et moi, et nous nous trouvons dans la plus

charmante des résidences, où était accumulé, à mon intention, tout
ce qu'une femme peut souhaiter. J'étais ravie !

— Je n'y comprends plus rien, dit Kamô.

Kamô, se hissant de branche en branche, parvint jusqu'au nid.

— Attends, tu vas comprendre. Mon bonheur ne dura qu'un
jour sans mélange. Le lendemain, dès l'aube, mon époux dut m'a-
vertir du sort rigoureux qui nous était réservé. Par suite d'un enchantement, il devenait aigle pendant six jours, et ne retrouvait sa forme

que durant le cours du septième ; tout ce qui l'entourait était soumis
au même enchantement et se transformait avec lui. En effet, au
lever du soleil, le palais disparut pour faire place à un nid grossiè-
rement tressé avec des branchages et des feuilles, et tout ce qui ne
m'appartenait pas en propre s'évanouit.

« Les six jours suivants me parurent longs, je t'assure ! Mais le
septième ramena le riche palais, le bel amoureux, la joie pour quelques heures. Et, depuis plusieurs années déjà, il en a toujours été
ainsi, avec une désespérante régularité, sans qu'il nous soit possible
d'entrevoir la délivrance.

— Pauvre sœur, s'écria Kamô, tout bouleversé par ce singulier
récit, que tu es malheureuse ! Mais reprends courage ; tes maux
sont finis. Je viens t'arracher à ce monstre, et te rendre à notre père
qui te pleure tous les jours.

— Es-tu fou ? Non pas ! je ne tiens guère à retourner vers notre
père, qui me battait lorsqu'il avait bu trop de saki et souvent n'avait
pas de quoi nous donner à manger ! Je n'ai pas envie de recom-
mencer l'aventure. Quant à mon mari, je l'aime, et nous faisons
très bon ménage, quand il a sa forme naturelle. Les autres jours, il
n'est guère sociable, et, s'en rendant compte, il déguerpit dès le
matin pour ne revenir que le soir. Mais je me sens parfaitement
heureuse ainsi, un jour sur sept. Que de femmes, dans le Nippon,
ne pourraient pas en dire autant !

Kamô rit de bon cœur à cette philosophie inattendue ; après tout,
la bonne Shiya avait peut-être raison !

D'ailleurs, quelques instances qu'il renouvelât, il ne put engager
sa sœur à le suivre.

— Au moins, demanda-t-il, dis-moi où je pourrai trouver, dans
cette forêt, notre sœur Gamawuki.

— Comment ! elle est ici, et je n'en savais rien !

— Oui, elle est devenue, paraît-il, la femme d'un poisson.

— Je vois ce que tu veux dire, reprit Shiya ; il s'agit du seigneur du lac. En marchant dans cette direction, tu devras, je pense, atteindre avant peu son domaine. Moi, je ne puis quitter celui de mon époux sans m'exposer à sa colère terrible. Car lorsqu'il est aigle, il en prend les instincts, et s'il te voyait ici à son retour, il te mettrait en pièces. Adieu donc, cher frère! sois plus heureux avec ma sœur si tu veux ramener l'une de nous auprès de notre père. Moi, je reste, avec mon bonheur d'un jour, auprès de celui qui me le donne.

Kamô rejoignit ses compagnons, tout songeur devant cet amour de femme, fait d'indulgence et de dévouement, qui résistait, par la seule espérance, à cette terrible épreuve. Et il ne se sentait plus aussi confiant dans la mission qu'il avait à remplir.

## VII

Le lendemain seulement, on atteignit une colline d'où la vue s'étendait sur le lac.

Mûri par l'expérience précédente, Kamô agit cette fois avec plus de circonspection, et chacun se posta en observation pour étudier les allées et venues des habitants de ces eaux mystérieuses, et reconnaître le meilleur chemin pouvant conduire à la retraite de Gamawuki.

En apparence, ce lac était uni, limpide, aux bords franchement accusés.

Mais l'un des serviteurs, ayant battu le terrain, ne tarda pas à venir annoncer à son maître qu'un petit bouquet de bois, paraissant rattaché au rivage et à la forêt, était en réalité une île. Là se trouvait sans doute la clé du mystère.

A peine avait-il terminé ce rapport, que vers le milieu de l'eau émergea le long dos brun d'un poisson qui semblait folâtrer en s'éloignant de l'île.

— Voilà sans doute mon excellent beau-frère! dit Kamô avec une grimace. Si je ne veux pas me faire gober comme une mouche, c'est le moment de traverser à la nage et de gagner l'île.

Se glissant avec précaution pour n'être pas vu, il arriva en face de l'île, entra dans l'eau sans bruit, et, comme il était bon nageur, en peu de temps il atterrit auprès des arbres.

Ses prévisions ne l'avaient pas trompé.

Un escalier de grès bleu s'enfonçait sous terre et marquait sans doute l'entrée d'un palais.

S'engageant sur les premières marches, Kamò cria :

— O Gamawuki, ma chère sœur, si tu te souviens encore de Kamò, le voici qui vient à toi.

Il entendit un grand cri, puis aussitôt il se sentit entouré de deux bras chargés de pierreries, et couvert de baisers.

— Comme tu as grandi, et comme te voilà maintenant un homme ! Que je suis heureuse de te revoir !

— Pauvre chère sœur ! Nous t'avons pleurée, et au village on a fait des sacrifices à Shutendôjé pour l'apaiser, après ta mort. Mon père seul se doutait que tu vivais encore.

— Que vous étiez bêtes ! s'écria Gamawuki, en frappant les mains et en riant aux éclats. Moi, pendant ce temps, j'étais bien heureuse !

— Comment heureuse ! répéta Kamò tout interloqué, heureuse, avec ce monstre ?

— D'abord mon mari n'est pas un monstre, répliqua Gamawuki d'un air pincé. C'est un grand poisson, voilà tout. Mais ce que tu ne peux savoir, c'est qu'après être resté dans cette transformation pendant six semaines, il redevient pendant sept jours ce qu'il devrait toujours être sans l'enchantement qui le lie, c'est-à-dire un seigneur jeune, beau, riche et empressé à me plaire.

Cette fois, Kamò se montra moins surpris de l'aventure, analogue à celle de Shiya.

— Mais, chère sœur, dit-il, ces six semaines d'attente doivent te sembler intolérables, dans cette petite retraite perdue au milieu des roseaux, sous terre et loin du monde.

— Mais non, mais non ! Je n'aime rien tant que les belles fleurs, les beaux chrysanthèmes, les étoffes brillantes, couvertes d'or et de soie, les pierres précieuses et les perles. Mon époux m'en donne, à chaque métamorphose, tant que j'en puis vouloir ; après, je passe mon temps à les regarder, à jouer, à me parer, à assortir les couleurs et les perles, à tout admirer. Il ne m'en faut pas plus, je t'assure ; je vis de contemplation et d'espérance !

Kamô sourit à cet enfantillage bien féminin.

— Mais, dis-moi, reprit-il, ce petit réduit si coquet ne communique évidemment pas avec le lac. Tu restes donc séparée de ton époux pendant tout le temps de son enchantement ?

— Les parois de ce petit palais sont de verre, comme tu peux le voir, et les eaux du lac l'entourent. De temps à autre, mon mari vient me rendre visite à travers la vitre ; je lui souhaite la bienvenue, de la main, et je l'encourage à la patience. Par exemple, s'il t'apercevait ici nous serions perdus tous les deux. Il briserait la frêle prison où je vis et on n'entendrait plus parler de nous. Mon Dieu ! n'est-ce pas justement lui qui arrive là-bas ? s'écria Gamawuki avec terreur. Oui, vois ce bouillonnement !

Avant que Kamô eût rien vu, il était renversé par la frêle main de sa sœur, dont l'angoisse doublait les forces, et en même temps un paravent aux mille couleurs fut déployé devant lui. Il resta blotti dans cette retraite, tout étourdi de ce qui lui arrivait, s'attendant à une catastrophe.

Fort heureusement, le poisson ne l'avait pas aperçu. Mais il se doutait de quelque incident inaccoutumé sans doute, ou bien l'effroi que Gamawuki ne parvenait pas à dissimuler le mettait sur ses gardes, car il demeura pendant fort longtemps devant le vitrage, venant renifler silencieusement avec sa bouche gigantesque, d'un air grognon.

Lasse de lui faire des gestes d'amitié, Gamawuki s'était assise au pied du paravent, près de son frère, et brodait tranquillement.

13

Ce calme finit par dissiper les soupçons de son mari ; il fit une pirouette d'adieu et partit.

— Sors vite de ta cachette et va-t-en, dit Gamawuki, tu nous perdrais. Adieu, frère, pars sans moi, et dis bien à tous que je suis heureuse. Mon père ne s'est jamais guère occupé de moi, sinon pour me battre, et malgré l'or qu'il a tiré de nous, jamais il ne pourrait me donner les richesses au milieu desquelles je vis ici.

— Peut-être notre sœur Yabura ne pensera-t-elle pas comme toi ?

— Est-elle donc aussi dans cette forêt enchantée ?

— Je le pense. Notre père l'a vendue à un dragon.

— C'est notre maître à tous, dit Gamawuki avec respect, et de lui dépendent, paraît-il, tous nos enchantements, dont il est lui-même victime. Je n'en sais pas davantage. Mais si Yabura est l'épouse du dragon, je doute que tu la ramènes. Rappelle-toi son orgueil et, toute enfant, ses idées de grandeur et de domination. Ce dragon reste dans sa forme hideuse et terrible pendant six mois, et durant le septième, il tient une cour splendide, sous la forme et avec l'apparat d'un roi puissant. Il y a là de quoi séduire le cœur d'une femme, mais plus encore celui de notre sœur qui doit se consoler facilement, pendant le long délai de la métamorphose, en songeant que son alliance la met au-dessus de nous.

Quoique très impressionné par les paroles de sa sœur, Kamô n'en résolut pas moins de suivre jusqu'au bout ses recherches ; il prit congé de Gamawuki, après que celle-ci lui eût indiqué à peu près à quel endroit de la forêt il pourrait trouver le dragon, ou le roi, suivant les circonstances actuelles qu'on ignorait. Puis il rejoignit la rive, parcourant le même chemin qu'il avait pris une première fois à la nage.

Depuis plusieurs jours déjà, il se trouvait dans la forêt enchantée ; il songea que son père devait être inquiet de lui et de ses filles. Il dépêcha donc l'un de ses serviteurs pour informer le vieillard de ses premiers insuccès, Shiya et Gamawuki préférant la société de leurs

Le poisson demeura longtemps devant le vitrage.

monstres à un nouveau séjour dans la maison paternelle, pour elles jusque là peu hospitalière, il est vrai !

Puis on s'enfonça de nouveau sous les hautes futaies, à la recherche du dragon.

## VIII

A mesure que les trois compagnons avançaient, le chemin devenait plus rocailleux, la nature plus sauvage. Ce n'était plus la sombre et épaisse forêt, où perchait l'aigle, ni les bords frais et riants du lac, avec sa petite île garnie d'un bouquet d'arbres et de roseaux; on descendait dans des gouffres, on escaladait des crêtes rocheuses, on devait tourner un précipice abrupt ou marcher, faute d'autre chemin, dans le lit d'un torrent aux eaux rapides et bouillonnantes.

Après deux jours passés dans cet affreux désert, il fallut bien reconnaître que l'on s'était perdu.

Aucun indice ne pouvait mettre sur la voie; les vivres menaçaient de manquer; il fallait encore ménager ses forces pour sortir de ce mauvais pas et songer au retour.

Kamô, avant d'abandonner la recherche, voulut tenter un dernier effort. Il escalada un rocher qui dominait la sombre masse d'un bois de sapins, et cria à haute voix :

— Yabura, si tu m'entends, réponds-moi. Je suis Kamô, ton frère; je viens te délivrer et te rendre à notre père.

A peine avait-il terminé qu'un sifflement strident, épouvantable, s'éleva de la forêt et, au même instant, le dragon déboucha, à quelques pas de lui seulement.

— Insolent, dit l'horrible bête en crachant de la bave, du sang et du soufre. Que parles-tu d'emmener Yabura?

— Je suis son frère, Kamô, dit le courageux jeune homme sans s'émouvoir, mais ne craignez rien de mon entreprise; je n'emmènerai Yabura qu'avec son consentement,

— Yabura ne te suivra pas, répondit le monstre, car elle est heureuse avec moi et elle m'aime.

Kamô ne put s'empêcher d'esquisser une grimace, car un monstre pareil, encore que sa métamorphose fût connue, rimait fort mal avec le verbe aimer.

Néanmoins, le dragon conservant son attitude menaçante, Kamô jugea prudent de battre en retraite.

Sautant à bas du rocher, il se mit sur ses gardes.

— Excusez-moi, sôgoun, je retourne porter votre réponse à mon père.

— Non pas, s'écria le dragon. Insensé! tu ne sais donc pas qu'on ne peut venir impu-nément sur mon do-maine et qu'il faut, pour en sortir, don-ner rançon. Que me donneras-tu pour que je te laisse par-tir?

— Je n'ai rien, dit Kamô.

— Si, tu as ta vie, et je vais la prendre.

— J'ai ma vie, et mon sabre, répliqua le jeune homme.

Et, sautant à bas du rocher, il se mit sur ses gardes. Le dragon s'élançait déjà, la gueule ouverte; et malgré la défense habile de Kamô, il allait le dévorer, quand un de ses fidèles serviteurs accou-rant se jeta au devant de son maître, et c'est sur lui que la gueule du monstre se referma, le broyant sous sa triple rangée de dents.

Profitant de la diversion, Kamô, par un coup savamment appli-qué, décapita le monstre, dont la tête roula sur la terre rouge de sang.

Aussitôt, une détonation formidable ébranla l'air, le sol, la forêt

De la colline descendait le cortège imposant d'un roi.

tout entière. Kamô et son dernier compagnon furent renversés au milieu d'un nuage de fumée et de vapeurs délétères.

Ils furent quelque temps avant de reprendre leurs sens et de distinguer quelque chose au milieu de la fumée nitreuse qui les entourait. Mais tout à coup, un bruit délicieux de musique et de cris de joie les tira de leur torpeur. A gauche était le lac couvert de barques pavoisées ; la vue s'étendait au loin sur un paysage charmant, et de la colline descendait le cortège imposant d'un roi ; vêtu d'un costume magnifique, un jeune homme se tenait à cheval, entouré de ses guerriers, au-dessus de sa tête flottaient les enseignes sacrées ; à ses côtés, sur une cavale blanche, s'avançait une jeune femme, une himé à l'air fier, dans laquelle Kamô reconnut sa sœur.

— Yabura ! s'écria-t-il ébloui, ne pouvant croire à ce prodige.

— Oui, c'est elle, dit le roi, et en toi je remercie mon sauveur. L'enchantement a pris fin ; la forêt a disparu en même temps que l'enveloppe maudite que tu as détruite en tuant le dragon, ainsi que les livres saints l'avaient prédit. Je suis de nouveau le roi de ce pays, et j'attends tes beaux frères, mes vassaux.

En effet, peu après, on vit arriver Shiya et Gamawuki, accompagnées des princes leurs époux. Et tous se réjouirent de l'heureuse fin donnée à leur supplice.

## IX

— Et notre père?... demanda Kamô, quand la joie générale fut un peu calmée.

— C'est vrai ! dit le roi. Je ne pensais plus à ce vieux filou, qui ne mérite guère l'argent qu'il me dépense. Mais je ne veux pas le séparer plus longtemps de ses filles. Va donc lui dire, Kamô, que les plus grands honneurs l'attendent à ma cour ; mais surtout ne manque pas d'ajouter qu'il y trouvera de l'or. Ça le décidera !

Kamô retourna à Yokohama. Mais arrivé devant la maison paternelle, il la vit fermée du haut en bas. Il eut un serrement de cœur.

Il entra. Dans le jardin se tenait le serviteur qu'il avait envoyé comme messager quelques jours auparavant.

— Mon père ?...

— Hélas, il est mort !

— Mort ! Comment ? Dis vite !

— La nouvelle que ses filles l'abandonnaient lui avait déjà porté un coup terrible. Mais voilà que, le sixième jour avant celui-ci, vers le soir, il a appris que le banquier qui détenait sa fortune venait de prendre la fuite, le laissant dans la misère.

— Tu dis il y a six jours ?... Vers le soir ?

— Oui.

Kamô comprit. C'était le jour et l'heure où il avait tué le dragon et rompu d'un coup de sabre le contrat qui liait son père.

— Et alors ? demanda-t-il.

— Alors il n'a pu supporter ce nouveau malheur, et il s'est pendu. On n'a pu t'attendre pour les obsèques, parce qu'on ignorait ton sort.

Ainsi finit l'histoire de la forêt enchantée d'Homokusaï : par la cupidité punie, par le courage et la constance récompensés.

# TABLE DES MATIÈRES

---

FIN DE LA TABLE

PARIS. — TYP. DU MAGASIN PITTORESQUE (E. BEST), 15, RUE DE L'ABBÉ-GRÉGOIRE.

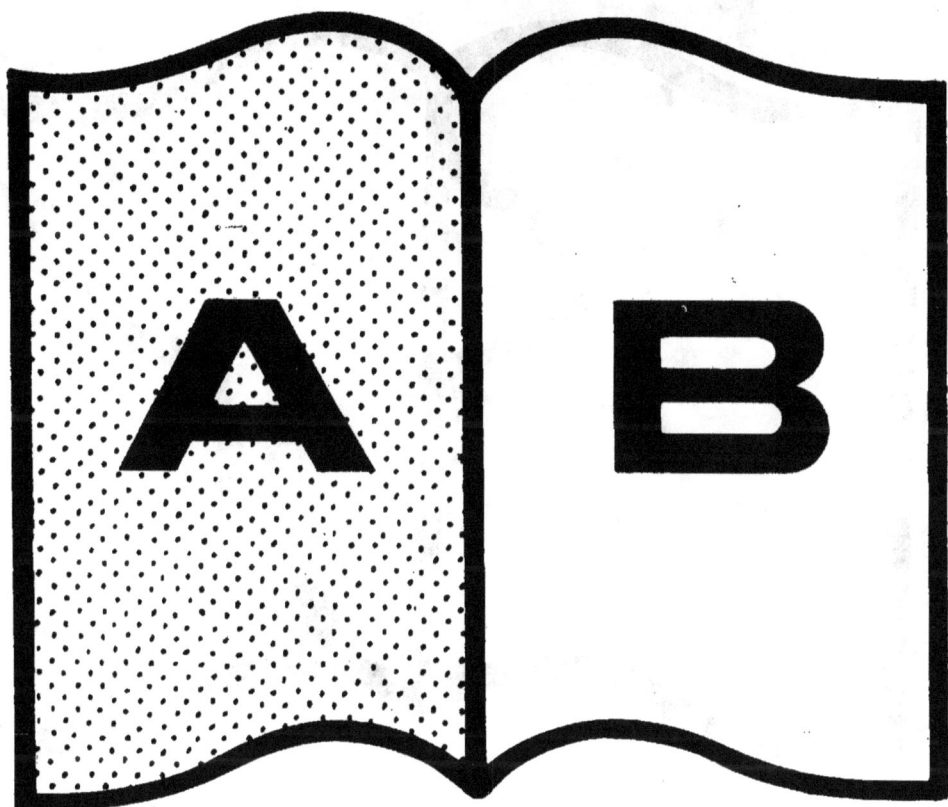

Contraste insuffisant

**NF Z 43**-120-14

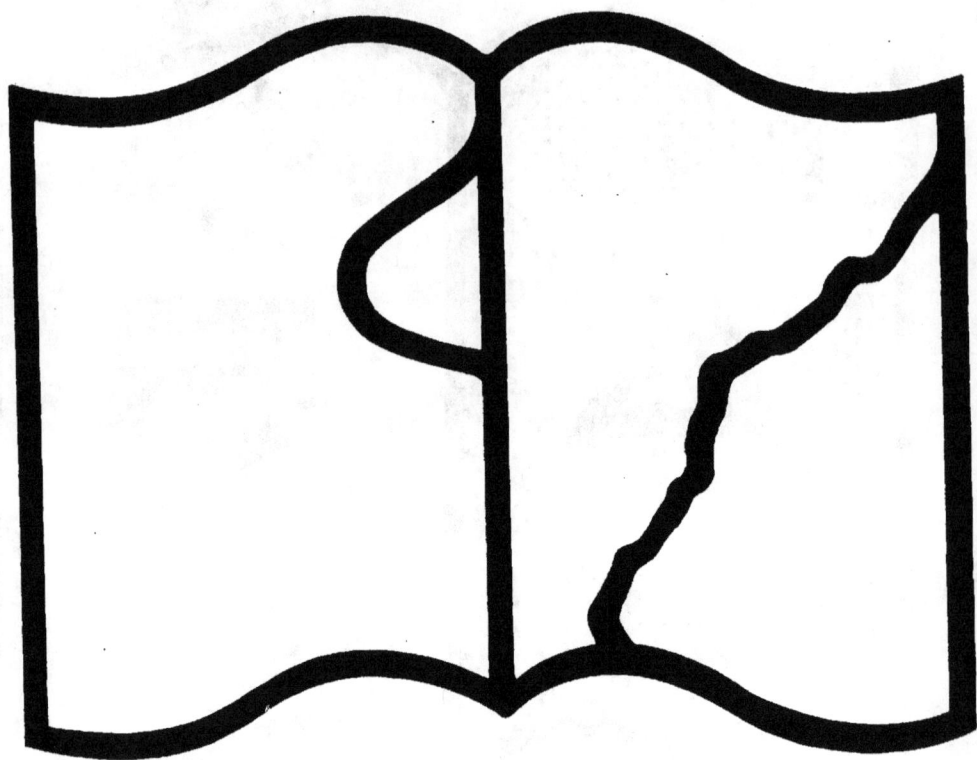

Texte détérioré — reliure défectueuse

**NF Z 43**-120-11

www.ingramcontent.com/pod-product-compliance
Lightning Source LLC
Chambersburg PA
CBHW052036270326
41931CB00012B/2507